"十二五"职业教育国家规划立项教材
新编全国旅游中等职业教育系列教材

旅游服务心理学

LÜYOUFUWU XINLIXUE

李长秋◎主　编
张　琪　张　可◎副主编

北京·旅游教育出版社

出版说明

结合《现代职业教育体系建设规划(2014—2020年)》的指导意见和《教育部关于"十二五"职业教育教材建设的若干意见》的要求,我社组织旅游职业院校专家和老师编写了"新编全国旅游中等职业教育系列教材"。这是一套体现最新精神的、具有普遍适用性的中职旅游专业规划教材。

该系列教材具有如下特点:

(1)编写宗旨上:构建了以项目为导向、以工作任务为载体、以职业生涯发展路线为整体脉络的课程体系,重点培养学生的职业能力,使学生获得继续学习的能力,能够考取相关技术等级证书或职业资格证书,为旅游业的繁荣和发展输送学以致用、爱岗敬业、脚踏实地的高素质从业者。

(2)体例安排上:严格按教育部公布的《中等职教学校专业教学标准(试行)》中相关专业教学要求,结合中等职业教育规范以及中职学生的认知能力设计体例与结构框架,组织具有丰富教学经验和实际工作经验的专家,按项目教学、任务教学、案例教学等方式设计框架、编写教材。

(3)内容组织上:根据各门课程的特点和需要,除了有正文的系统讲解,还设有案例分析、知识拓展、课后练习等延伸内容,便于学生开阔视野,提升实践能力。

旅游教育出版社一直以"服务旅游业,推动旅游教育事业的发展"为宗旨,与全国旅游教育专家共同开发了各层次旅游及相关专业教材,得到广大旅游院校师生的好评。在将这套精心打造的教材奉献给广大读者之际,深切地希望广大教师学生能一如既往地支持我们,及时反馈宝贵意见和建议。

旅游教育出版社

前　言

经过三十多年的快速发展,我国已经实现了从亚洲旅游大国到世界旅游大国的转变,开始迈入建设世界旅游强国的进程,旅游业发展前景十分广阔。随着全面建设小康社会的推进,我国居民的旅游消费需求将大幅提升,这是旅游业持续兴旺发展的动力。同时,随着我国经济、文化、政治进一步崛起和国际交往的发展,国际旅游将继续保持高速增长,国际旅游产品及行业管理将逐步达到世界先进水平。我国旅游业的快速发展需要大批高素质高技能的人才,这对旅游教育提出了更高的要求。目前,我国已经形成了研究生、本科、专科和中等职业教育四个培养层次,中等职业教育作为培养旅游行业一线从业人员的主要力量,对整个旅游业的服务质量和管理水平起着不可忽视的作用。

教材建设是旅游人才教育的基础,由国内学者编写的旅游服务心理学教材种类繁多,但大多是针对本科和专科教育,面向中职教育的教材相对较少。本书作为中等职业学校高星级饭店服务与管理、旅游服务与管理专业的教材,在编写过程中,不论是知识结构模块的设计,还是内容的编排,均借鉴了已有的研究成果,充分立足于我国旅游人才市场对初、中级旅游人才职业素质的需求,注重旅游职业人才培养的实用性、先进性和可操作性,加速提高旅游人才的职业适应性和职业成熟度。本书共分十个项目,主要内容包括旅游者心理、旅游服务心理、旅游企业员工心理三个方面。具体特点如下:

第一,突出职业教育教学理念。本书坚持以就业为导向,以能力为本位,以学生为主体的职业教育教学理念,对接行业企业一线的岗位要求,增强教材的针对性、实用性。本书采用项目—任务形式,以项目、任务、案例为载体,注重培养学生的职业能力和职业素养。

第二,注重教材的实践性。本书的理论以"必需、够用"为度,加大了实践教学的内容。本书通过一个旅游管理专业学生岗位实习的工作情境贯穿全书,引出不同的工作场景,涉及相关的理论知识。以一个学生的视角来了解这些知识对工作的实际作用,针对性更强。

第三,注重教材的时代性。本书注重吸取本学科最新的研究成果,融入旅游发展的最新动向,以及旅游中的热点问题分析,具有时代性。本书通过"热点透视""最新动态"等板块,将当前旅游发展中出现的新动向、新思想、新情况介绍给学生,引导学生关注现实,培养他们学以致用的职业素养。

第四,注重教材的可读性。本书结合中职学生的心理特点,注重用图、表、实例等生动形象的表达方式来说明问题,阐述道理。内容中灵活穿插的"穿针引线""情境设计""小知识""特别提示"等板块,以及大量的实景图片(作者亲自拍摄),使教材内容和形式生动活泼、丰富多彩,增强了教材的可读性,扩大了学生的知识容量。

全书由郑州旅游职业学院李长秋任主编,郑州旅游职业学院张琪、张可任副主编。主编李长秋负责为全书设立基本框架,确定本书的论点和基本内容,并负责最后的统稿工作。全书共分十个项目,具体分工如下:李长秋(郑州旅游职业学院)编写项目一、项目四、项目五的任务一、任务二和项目十;张琪(郑州旅游职业学院)编写项目二和项目三;张可(郑州旅游职业学院)编写项目六、项目七和项目八;魏玮(郑州旅游职业学院)编写项目五的任务三、任务四和项目九。

本书在编写过程中参考了不少专家、学者有关旅游服务心理学方面的教材和专著,在此表示感谢。由于作者学识水平和实践经验有限,书中错误与不足在所难免,恳请各位专家和广大读者不吝赐教,以便充实完善。

编者

2016 年 10 月

目 录

项目一　心理，推动旅游发展的助力器 ………………………………………… 1
　　任务一　认识心理 ……………………………………………………………… 2
　　任务二　熟悉旅游服务心理学 ………………………………………………… 8

项目二　感知，初识旅游世界 …………………………………………………… 16
　　任务一　走进感知空间 ………………………………………………………… 17
　　任务二　知觉旅游条件 ………………………………………………………… 26
　　任务三　认识社会知觉 ………………………………………………………… 35
　　任务四　学会观察 ……………………………………………………………… 38

项目三　认识，再识旅游世界 …………………………………………………… 43
　　任务一　抓住注意 ……………………………………………………………… 44
　　任务二　深化记忆 ……………………………………………………………… 50
　　任务三　发挥想象 ……………………………………………………………… 56

项目四　情绪，检验旅游活动效果的晴雨表 …………………………………… 63
　　任务一　了解情绪 ……………………………………………………………… 64
　　任务二　感受旅游者的情绪 …………………………………………………… 70

项目五　个性，增添旅游色彩的调色棒 ………………………………………… 80
　　任务一　挖掘旅游需要 ………………………………………………………… 81
　　任务二　探究旅游动机 ………………………………………………………… 90
　　任务三　接受气质 ……………………………………………………………… 95
　　任务四　关注性格 ……………………………………………………………… 102

项目六　游览，奏响旅游的主旋律 ……………………………………………… 111
　　任务一　谈谈旅游交通服务 …………………………………………………… 112
　　任务二　谈谈导游服务 ………………………………………………………… 117

任务三 谈谈旅游购物服务 …………………………………… 126

项目七 饭店,供给旅游能量的加油站 ………………………………… 132
  任务一 说说前厅服务心理 …………………………………… 133
  任务二 说说客房服务心理 …………………………………… 137
  任务三 说说餐厅服务心理 …………………………………… 142

项目八 投诉,疏导客我矛盾的通道 …………………………………… 147
  任务一 了解旅游者的投诉心理 ……………………………… 148
  任务二 熟悉旅游者投诉的接待与处理 ……………………… 153

项目九 交往,增添旅游的润滑剂 ……………………………………… 159
  任务一 读懂人际交往 ………………………………………… 160
  任务二 掌控旅游服务中的人际交往 ………………………… 171

项目十 素质,保障旅游活动的必需品 ………………………………… 178
  任务一 讲讲情绪管理 ………………………………………… 179
  任务二 讲讲挫折应对 ………………………………………… 187
  任务三 讲讲压力调节 ………………………………………… 193

参考书目 ………………………………………………………………… 201

项目一　心理,推动旅游发展的助力器

穿针引线

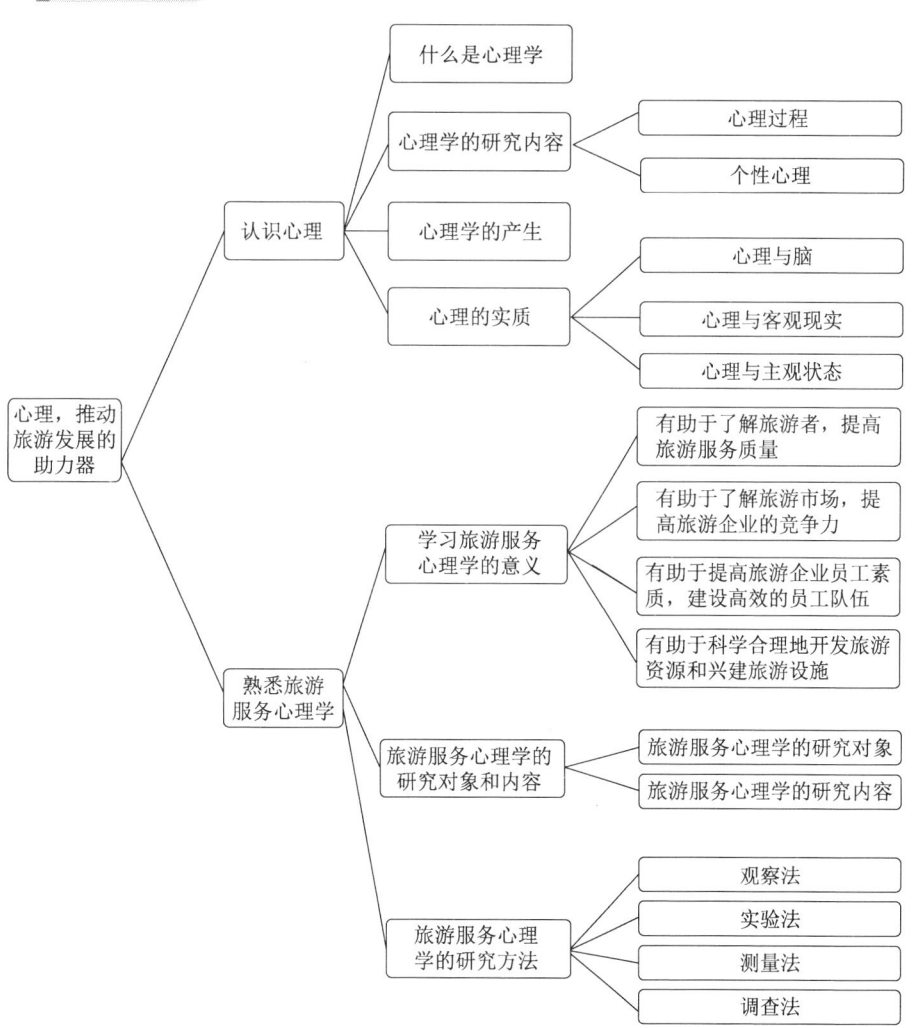

学习目标

1. 熟悉心理学的概念和研究内容；
2. 了解心理学的产生过程；
3. 理解心理的实质；
4. 了解学习旅游服务心理学的意义；
5. 掌握旅游服务心理学的研究内容和研究方法。

项目概览

宋代文豪苏东坡在游览庐山时写道："横看成岭侧成峰，远近高低各不同。"他从不同的角度欣赏庐山，看到了不同的风景。这种现象在旅游活动中很常见，如何解释这种现象？这涉及了旅游服务心理学的知识。旅游服务心理学的任务是在分析和掌握旅游者的心理活动规律的基础上，从理论和实践两方面指导旅游企业的管理和服务工作。学习旅游服务心理学对我们改善旅游服务质量、开发旅游产品、提高旅游经营管理水平起着十分重要的意义，是推动旅游发展的助力器。

任务一　认识心理

情境设计

张伟是河南一所学校旅游管理专业的学生，他在去年顺利通过了省里的导游资格证考试。今年学校安排了为时一个学期的实习，同学们选择了不同的实习单位，张伟选择了康辉旅行社，他希望把所学知识运用在实践中，提高实践能力。为了让实习生尽快上手，旅行社经理一方面布置他们学习相关的规定和业务知识，另一方面安排他们做些内部的事务性工作。张伟需要学习的一门重要知识就是旅游服务心理学，这门学科在学校时张伟曾经学习过，但现在已经淡忘了，他又重新拿起书进行复习。

根据以上情境，完成下列任务：

1. 旅游从业人员为什么要学习心理学？
2. 旅游与心理有什么关系呢？

任务分析

人与动物最大的区别之一,是人有发达的大脑,复杂的心理活动,丰富的内心世界。正因为这样,不同的人有不同的行为表现,同一个人在不同情况下也有不同的行为活动。人的心理活动直接影响着人的决策,进而影响着人的行为活动。旅游作为人的一项活动,也与心理有着密切的联系。

知识讲解

一、什么是心理学

人的一切活动都与心理息息相关,心理是人们做决定、采取行动的内在因素。人们无论从事什么活动,都伴随着各种心理现象,而且正是在心理现象的调节下,人们的各种活动才能得以正常地进行,并达到预期的目的。

心理学是研究人的心理现象及其规律的科学。所谓心理现象,就是心理或精神活动在发生、发展、变化过程中所表现出来的形态、特征与联系,简称心理。

特别提示

心理现象的特征是复杂的,有的具有鲜明的动态特性,有的具有明显的静态特性;有的具有生动的外部表现,有的则存在于主观体验中;有的能被人清醒地意识到,有的则常常不为人觉察。复杂的特征构成一个相互联系的统一整体。

心理现象一般是在活动中表现出来的,心理活动直接导致行为的产生。这些行为有些是外显的,可以直接观察到;有些是内隐的,不能直接观察到,但可以通过间接方式或方法来进行观察。

二、心理学的研究内容

人的心理现象是非常复杂的,可以从不同的方面和角度进行研究。但概括起来,心理学要研究的问题主要包括心理过程和个性心理两方面。

(一)心理过程

心理过程是指人在客观事物的作用下,在一定时间内大脑反映客观事物的活动过程。它是心理现象的动态形式,包括认识过程、情感过程和意志过程。

1.认识过程

认识过程是人的最基本的心理过程,是人从感性认识到理性认识的发展过程,包括感觉、知觉、记忆、思维和想象等过程。比如,在旅游消费活动中,旅游者通过看、听、闻、触等感知活动,形成对旅游景点的整体印象,然后通过分析、综合、比较、抽象、概括等心理活动,对旅游景点的景观和服务质量进行综合评价,这为旅游者的后续消费决策提供了依据。因此,认识过程是形成正确心理的前提条件。

2.情感过程

情感过程是人们对客观事物表现出来的鲜明的态度体验。比如,在酒店消费活动中,舒适的环境、周到的服务、完善的设施、热情的态度等,能让客人产生满意、愉悦、赞美等心理反应;反之,客人就会出现不满、厌恶、烦躁等心理反应。

3.意志过程

意志过程是指人为实现预定的目的有意识地支配和调节行动的心理活动过程。比如,在旅游活动中,旅游者经过旅途颠簸,非常疲倦,但当进入景区参观游览时,就被眼前的美景所吸引和感动,他们克服了身体上的劳累,又会兴致勃勃地观光。

认识、情感、意志三个过程相互联系、相互促进、相互影响,构成心理活动的整个过程,其中,认识是基础,情感和意志是动力。这三部分都是人的内部主观活动,是人所共有的。

(二)个性心理

个性心理是显示人们个性差异的心理现象,是一个人在活动中表现出来的比较稳定的带有倾向性的各种心理特征的总和。它是心理现象的静态形式,包括个性倾向性和个性心理特征。

1.个性倾向性

个性倾向性包括需要、动机、兴趣、信念、理想和世界观等,它是人进行活动的基本动力,也是个性心理中最活跃的因素。旅游者有的爱好自然风光,有的爱好名胜古迹,这会影响他们对旅游目的地和旅游方式的选择。

 热点透视

疾病缠身的暮年,我们为什么要旅游

母亲70岁之后做过3次大的癌症切除手术。女儿在陪母亲住院做胃癌切除手术期间,自己也被检查出患上了胃癌。医生安排母亲住院手术时,女儿却对医生

说:"我们报名去朝鲜玩儿。我跟我妈商量了,我们想先去旅游,回来再住院,行吗?"医生惊诧,怎么会有这样淡定的患者?女儿说:"我在和时间赛跑。"她们为什么坚持先旅游后治病?旅游对她们有什么意义?

分析:这对母女的旅游行为,有着长期的心理原因。在现实生活中,她们一直压抑着看世界的旅游梦想,直到生命遇到危机,她们才意识到,如果再不外出此生将难有机会了。在旅游中,她们可以享受美景,体验不一样的风土人情,内心将会获得极大的满足。一旦多年的旅游期望变成现实,生活对处于危机中的她们来说更加富有色彩。所以说,任何人的活动都源于他们的心理,活动是外在表现,根源则在于内心。

2.个性心理特征

个性心理特征包括能力、气质和性格,它是人个性心理的具体表现,集中反映了一个人心理面貌的独特性和个别性。旅游者往往具有鲜明的个性心理特征,有的旅游者体力好,喜欢探险;有的旅游者地理知识丰富,喜欢山地,想要了解更多地质结构;有的旅游者活泼好动,有的沉静内敛,有的热情积极,有的多愁善感;有的旅游者集体观念强,有的注重自我,等等。

个性心理特征和个性倾向性有机、综合地体现在一个人身上,就形成了一个人完整的个性心理,简称个性。

综上所述,心理现象是由若干个方面共同构成的,其构成见图1-1所示。

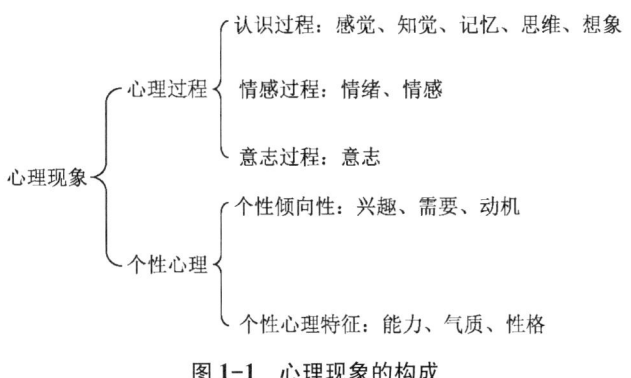

图1-1 心理现象的构成

心理现象的各个方面不是孤立存在的,而是相互联系的。不仅个性心理和心理过程之间存在着联系,在认知、情感和意志过程之间也有密切的联系。没有心理过程,个性心理就无法形成。同时,已经形成的个性心理又制约着心理过程,并在心理过程中表现出来。事实上,既没有不带个性特征的心理过程,也没有不表现在心理过程中的个性特征,这两者是同一现象的两个不同方面。要把握一个人的心理全貌,必须将两方面结合起来进行整体考察。

三、心理学的产生

心理学有着漫长的过去,但作为一门科学,却只有一段短暂的历史。漫长的过去,是指在相当长的时间内,研究心理的都是哲学家和医生,心理学属于哲学的范畴。在公元前4世纪,古希腊哲学家亚里士多德就著有《论灵魂》一书,柏拉图提出了有关记忆理论的"蜡版假说"。后来的苏格拉底及17世纪的笛卡尔等许许多多的哲学家,都有心理学方面的论述。中国春秋战国时代孟子的"性善论"、荀子的"性恶论"等都是对人本性的探索。由此可见,人类在其发展的历史中从未中止过对自身心理因素的探索。

心理学真正成为一门科学,是近一百多年的事。德国生理学家、哲学家威廉·冯特受到前人的启发,在吸收前人成果的基础上,于1879年在德国莱比锡大学建立了世界上第一个心理学实验室,并主持开展了对感觉、知觉、情感等系统的研究。自此,心理学真正脱离哲学而成为一门独立的科学。因此,有人曾比喻,从科学心理学的发展来看,哲学是父亲,生理学是母亲,而生物学是媒人。以生物学为媒介,哲学与生理学结合而生育的新生儿,就是独立门户的科学心理学。

四、心理的实质

心理现象虽然为人们所熟悉,但对心理的本质做出科学的解释并非易事。历史上曾出现了唯物主义和唯心主义的心理观。现代心理科学用辩证唯物主义观点来解释人的心理现象,认为人的心理是人脑对客观现实的主观反映。

(一)心理与脑

在很长一段历史时期,人们都把心脏看成是精神活动的器官,"心理"之名由此而来。这一历史痕迹,至今在现代汉语中还有广泛的体现,如表述人的精神活动的词汇,很多都带有"心"字底或"心"字旁,如感、想、思、情等。

直到19世纪,中外科学家才开始真正认识到心理现象的产生与脑之间的关系。一些西方国家的医生发现,当患者的脑部受到损伤后,其心理活动会出现一定的障碍或异常。如1870年德国精神病学家威尔尼克发现,大脑颞叶的颞上回后部受到损伤后,患者就无法辨别声音的含义,不能回答别人提出的问题。这些发现,促使科学家系统地研究心理现象与脑之间的关系。从19世纪末到20世纪初,许多生理学家和心理学家通过对脑损伤患者及对动物脑的实验研究得出结论:心理是脑的机能,脑是心理现象产生不可缺少的物质基础,没有脑就没有心理现象的产生。

特别提示

现代科学研究进一步表明,人脑是一个纵横交织的巨大神经网络,它在多层面、多水平上进行着信息的加工:人的心理现象就是在人脑对内外信息的不断接收、加工、储存和提取过程中发生、发展和变化的。

(二)心理与客观现实

人脑作为产生心理活动的器官,仅是一个产生心理的机器,如果没有原材料,它本身是无法产生出任何产品的。只有当客观现实中的事物作用于人的感觉器官时,人脑才能在此基础上产生出相应的心理活动。如只有品尝过杨梅的人们才知道它的酸味,所以才有"望梅止渴"的现象;如果人们从没有吃过杨梅,就不会出现提到梅子就分泌唾液的情况,也就不会止渴。即使是人脑中出现的超现实的事物,如梦境、科幻故事类的事物,其构成的原材料也源于客观现实。总之,人的心理的源泉是客观现实,离开了客观现实的刺激作用,人脑自身是不能单独产生心理活动的。

特别提示

所谓客观现实,是指不依赖心理主体而存在的一切事物,包括自然现实和社会现实。其中,社会现实对人的心理具有决定性的制约作用。心理学研究表明,人有心理活动是因为生活在社会环境之中。如果脱离了人类的社会生活,即使有健全的人脑,也不可能产生人的心理。

小知识

狼孩的经历

1920年,印度牧师辛格在加尔各答西南一个小城附近,从狼窝里救出了两个小女孩。大的约8岁,小的约2岁。她们用四肢行走,用两手和膝盖着地歇息,只舔食流质的东西,吃扔在地板上的生肉,从不吃人手里拿着的肉。她们怕光,夜间视觉敏锐,每到深夜就号叫,并竭力寻找出路,以便逃回丛林。辛格对她们悉心照料并施以教育,想恢复她们的人性,可是效果甚微。小女孩因为很难适应人类的生存环境不久即死去,大女孩2年后才学会了站立,4年后学会了6个单词,8年后学会直立行走。尽管大女孩卡玛拉属于人类,具备产生了人的心理的物质条件——人脑,但由于她从小生活在动物的世界,没有参与人的社会实践活动,因此,她就没有人的心理。经过辛格多年的教育和训练,17岁的卡玛拉只有相当于4岁正常儿童的心理发展水平。这个事例说明,一个人只有生活在人类社会,过着人类社会的生活,才能有人类的正常心理。

客观现实的影响是人心理产生的根本性、决定性的因素,它决定并制约着人的一切心理活动。客观现实不仅包括自然界,还包括人类社会。但客观现实不是机械地、静止地决定心理活动和塑造个性心理特征,而是在人的活动过程中,通过人和客观现实相互作用而实现的。印度狼孩的故事就说明了这一点。

(三)心理与主观状态

人的心理现象都发生在每一个具体的人身上,因此,每个人自身的主观状态必然对其心理产生这样或那样的影响。一方面,人已有的知识经验、个性特征及当时的心理状态等都会影响其对客观现实的反映,不同的人会对同一客观事物产生不同的反映;甚至同一个人,在不同的时间、环境、心境下,对同一客观事物的反映也会有所不同。另一方面,人对客观现实的反映不是消极、被动的,而是积极、主动的。人总是根据自己的需要、兴趣、爱好等去主动地选择乃至搜寻客观现实中的某些事物或事物的某些特征,以完成自己的反映,而对同时存在的其他事物或事物的其他特征予以忽视甚至视而不见。因此,人的心理中所反映的事物,虽然来源于客观现实,但是并不完全等同于客观现实,即人的心理现象的内容中,既有客观现实的成分,又有其自身主观状态的成分。

任务二　熟悉旅游服务心理学

情境设计

张伟通过一段时间的复习,对心理学的理论知识有了较系统的了解,他知道心理学是旅游服务心理的理论基础,旅游服务心理学是在心理学的基础上发展起来的,它是心理学众多分支的一个。作为一名合格的旅游从业者,必须要具备旅游服务心理学的知识,才能做好各方面工作。

根据以上情境,完成下列任务:
1. 你认为学习旅游服务心理学与做好旅游服务工作有关吗?
2. 应该怎样研究旅游者的心理呢?

任务分析

旅游服务是通过人与人的直接接触进行的,俗话说:知己知彼,百战不殆。只有充分了解旅游者,也就是旅游的服务对象,知道他们想什么,需要什么,喜欢什么,才能提供给他们相应的产品和服务,使他们满意,甚至超出他们的预期,让他们获得意外的惊喜,进而成为我们忠实的顾客。

知识讲解

一、学习旅游服务心理学的意义

旅游服务心理学从产生到现在只有 30 多年的历史,但在旅游业的发展中,旅游服务心理学为旅游企业提高旅游服务质量,设计旅游新产品,进行旅游资源的开发与规划,促进旅游市场营销等提供了心理依据和理论决策,对于旅游业的发展具有十分重要的意义。

(一)有助于了解旅游者,提高旅游服务质量

旅游业是出售服务和风景的行业,了解旅游者对旅游产品的偏好,了解旅游者的心理需要,是旅游经营者和旅游从业人员的首要任务。要发展旅游业,就要吸引更多的旅游者参加旅游活动,所以其前提是提供满足旅游者需要的旅游产品,这也是旅游业赖以生存和发展的生命线。旅游者的需要既有生理方面的需要,如食、宿、行等,又有心理方面的需要,如兴趣、情感等。要满足旅游者心理的需要,就要求旅游从业人员具备相应的旅游服务心理学知识。

学习旅游服务心理学知识,有助于了解旅游者的心理,预测旅游者行为的发展,有目的地引导其行为,进而帮助旅游者构建美好的旅游经历,并通过旅游活动促进人们生活质量的提高,只有这样旅游业才能得到更大的发展。

(二)有助于了解旅游市场,提高旅游企业的竞争力

随着我国旅游业的迅速发展,旅游企业之间的竞争日趋激烈。要想在竞争中立于不败之地,旅游企业必须能够很好地了解和把握旅游市场,对旅游市场进行广泛的调研,科学地细分旅游市场,分析不同市场旅游者的消费心理,及时地调整经营方针,改善经营措施,制定经营策略,吸引更多的旅游者。

学习旅游服务心理学,可以帮助我们运用心理学知识去分析旅游者的心理活

动规律,如旅游者需求的发展变化趋势,从而有效地利用各种媒体手段,有针对性地开展旅游营销活动,以达到最大的宣传效果,吸引更多的旅游者。

 **热点透视**

在线旅游价格战升级,移动渠道成为 OTA 争霸主战场

继酒店返现后,2014 年 OTA 间的价格战进一步向门票、签证等细分市场延伸。同程推出"1 元门票",携程与百程也打响了免服务费的"签证大战",将低价与移动端预订绑定,使得如火如荼的价格战实质上成为了 OTA 巨头们抢占移动端入口的利器。

分析: OTA 是在线旅游服务商的意思,也就是互联网络化旅游服务代理商的意思。相对而言,中国的在线旅游行业才刚刚起步,目前美国在线旅游的份额已经快接近 50%了。未来几年是我国 OTA 的调整发展期,目前我国传统旅行社依旧占据着 95%的旅游市场业务,未来几年内,这个比例会降低至 90%左右。

资料来源:2014 年中国旅游业十大事件盘点.环球旅讯.http://www.traveldaily.cn/article/86909.有删改

(三) 有助于提高旅游企业员工素质,建设高效的员工队伍

旅游行业是一个与人打交道的行业,旅游企业员工要为旅游者提供各种服务,实际上这也是一种人与人之间的交往关系。由于人际交往的不确定性,一支高素质的员工队伍就成为一个旅游企业立足于竞争激烈的市场所必不可少的条件。既然是与人打交道,就必须要了解人的心理,才能顺利地进行交往活动。所以,对于旅游企业员工来说,一方面要了解旅游者的心理需要,并根据旅游者的心理特点提供有针对性的服务;另一方面还要了解与把握自身的心理特点,培养自身良好的心理素质。对于管理者来说,了解员工的心理需求,可以更有效地开展工作,加强沟通,增进集体的凝聚力。因此,学习旅游服务心理学可以创建一支高素质、高效率的员工队伍。

(四) 有助于科学合理地开发旅游资源和兴建旅游设施

旅游资源和旅游设施是旅游业赖以生存和发展的基础,旅游资源吸引力的大小、旅游设施的完备程度直接影响着旅游业的发展。旅游资源的开发和旅游设施的安排都必须以满足旅游者的需要为前提,让旅游者在旅游过程中能够获得极大的满足,体验美好的经历。为此,在旅游资源的开发、利用以及旅游设施的兴建过程中,要依据旅游者的心理特点,充分考虑旅游者的兴趣爱好、认知规律、审美习惯等。

图1-2 青岛园博园直饮水

图1-3 青岛五一广场供游客租借的自行车

成功的旅游产品在设施设计和资源开发上都十分重视考虑旅游者的心理因素,注重旅游者在旅游活动中的心理感受。现代化的交通设施是在充分认识到旅游者需要安全、快捷和舒适的心理需求后,在速度和设备上进行了改进。现代化的酒店充分考虑到旅游者的生理和心理特点后,给旅游者创造了方便、安静、舒适的环境。旅游景区也是在充分调研旅游者的感知、兴趣、需要等心理特点的基础上进行科学、合理的开发。旅游服务心理学的研究为旅游资源的开发和利用提供了心理依据。

二、旅游服务心理学的研究对象和内容

(一)旅游服务心理学的研究对象

旅游服务心理学是研究旅游活动中人们的心理现象及其变化规律的学科,旅游活动中的人们,通常包括旅游者和旅游业从业者。

 **特别提示**

旅游服务心理学是心理学的一个新的分支，它主要是运用心理学的原理和相关研究成果及研究方法来分析和研究旅游活动中的人的行为与心理规律。

正确认识旅游者和旅游业从业人员的心理活动特点，可以提高旅游服务质量。所以，旅游服务心理学的研究对象包括旅游者的心理和行为，以及旅游从业人员的服务心理和行为。旅游服务心理学既要研究旅游者的需要、动机、情感等心理活动特点和规律，同时也要研究旅游从业人员在旅游服务过程中的服务心理及应对策略，以及如何对他们进行心理素质的培养。在旅游服务心理学的研究中，关于旅游者的心理研究应该是主要的研究内容，旅游从业人员的服务心理研究也是围绕旅游者的心理需求进行的，这样才能充分体现旅游者的主体地位。

(二)旅游服务心理学的研究内容

旅游服务心理学的研究内容主要有以下三个方面：

1.旅游者心理

旅游活动的主体是旅游者，是旅游业服务的对象。因此，旅游者的心理及其旅游行为的发生、发展及变化规律是旅游服务心理学首要研究的内容，也是旅游服务心理学研究的出发点与核心。旅游者心理研究要从了解旅游者的旅游动机、知觉、态度、情感和个性的一般特征入手，分析旅游者旅游活动中的人际知觉、旅游者对情绪情感的调控、旅游者个性特征对旅游消费行为的影响，进而掌握激发旅游者旅游动机的方法以及改变旅游者态度的策略。

2.旅游服务心理

旅游者在旅游活动中所涉及的食、住、行、游、购、娱等六大基本要素，其中任何一个环节都离不开旅游业员工所提供的服务，服务质量的高低直接影响到旅游者对旅游活动的评价，所以旅游服务心理也是旅游服务心理学研究的重要内容。旅游服务心理分析了旅行社、饭店、旅游交通、旅游购物等旅游服务环节中的游客心理需求和相应的服务策略，同时还介绍了售后服务中应对投诉和售后服务的心理。

3.旅游企业员工心理

旅游企业经营的成败取决于它的管理和服务，由于旅游产品的独特性，服务所占的比重较大，再加上其质量有很大的不确定性，所以对员工素质的要求就更高。作为管理者，在企业管理中要把员工放在第一位，尊重员工、善待员工、充分调动员工的积极性,这就需要了解员工的心理,提高员工的心理素质。旅游企业员工心理研究主要包括旅游企业员工心理素质培养、旅游企业中的人际关系处理两大方面内容。

 最新动态

《国民旅游休闲纲要(2013—2020年)》的发布

2013年,国务院办公厅印发了《国民旅游休闲纲要(2013—2020年)》(简称《纲要》),《纲要》明确提出了到2020年职工带薪年休假制度基本得到落实的目标。

《国民旅游休闲纲要(2013—2020年)》根据《国务院关于加快发展旅游业的意见》制定,目标是积极创造开展旅游休闲活动的便利条件,不断促进国民旅游休闲规模扩大和品质提升,提高国民生活质量。到2020年,职工带薪年休假制度基本得到落实,城乡居民旅游休闲消费水平大幅增长,与小康社会相适应的现代国民旅游休闲体系基本建成。

《纲要》提出保障国民旅游休闲时间,落实《职工带薪年休假条例》。鼓励机关、团体、企事业单位引导职工灵活安排全年休假时间,完善针对民办非企业单位、有雇工的个体工商户等单位的职工的休假保障措施。加强带薪年休假落实情况的监督检查,加强职工休息权益方面的法律援助。在放假时间总量不变的情况下,高等学校可结合实际调整寒、暑假时间,地方政府可以探索安排中小学放春假或秋假。

《纲要》要求改善国民旅游休闲环境,稳步推进公共博物馆、纪念馆和爱国主义教育示范基地免费开放。城市休闲公园应限时免费开放。稳定城市休闲公园等游览景区、景点门票价格,并逐步实行低票价。落实对未成年人、高校学生、教师、老年人、现役军人、残疾人等群体实行减免门票等的优惠政策。鼓励设立公众免费开放日。逐步推行中小学生研学旅行。

《纲要》重点体现了提倡绿色旅游休闲理念、保障国民旅游休闲时间、鼓励国民旅游休闲消费、丰富国民旅游休闲产品、提升国民旅游休闲品质五大亮点。

三、旅游服务心理学的研究方法

旅游服务心理学是以心理学为研究基础的,因此,在具体研究方法上主要借鉴心理学特别是普通心理学的一些方法。通常采用的方法有以下几种:

(一)观察法

观察法是在自然情况下,有计划、有目的、系统地直接观察被研究者的外部表现,了解其心理活动,进而分析其心理活动规律的一种方法。观察法应在自然条件下进行,研究者不应去控制或改变有关条件,否则被研究者行为表现的客观性将受到影响。

运用观察法,首先应有明确的目的,要制订研究计划,拟定详细的观察提纲。观察过程中要敏锐地捕捉各种现象,准确、详细地记录下来,及时予以整理和分析,以利于科学结论的产生。观察法的优点在于能保证被观察者的心理及行为的自然性和客观性,所得材料客观可靠;缺点是由于研究者处于被动地位,只能消极地等待其所需要的现象发生,对所观察的现象不易做定量分析。

(二)实验法

实验法是有目的地严格控制或创设一定的条件,人为地引起某种心理现象产生,从而对它进行分析研究的方法。实验法有实验室实验法和自然实验法两种类型。

实验室实验法在人为制造的实验室环境中进行。其特点是精确,但也因此失去了一定的真实性和普遍性,因为现实中很少有像实验室那样的环境。

自然实验法是由研究者有目的地创造一些条件,在比较自然的条件下进行的。自然实验法兼有观察法和实验室实验法的优点,一方面由于它是在实际情况下进行的,所得到的结果比较接近于实际;另一方面自然实验法是由研究者有目的地改变或控制某些条件,因此具有主动性和严密性,所得到的结果比较准确。

(三)测量法

测量法指采用标准化的心理测验量表或精密的测量仪器,对有关心理品质或行为进行测定、分析的方法。如能力测验、性格测验、人才测评等,都是旅游服务心理学中常用的测量法。这种方法往往用在对旅游从业人员的心理测试上,用以研究员工的心理品质与服务行为的关系,在研究旅游企业员工心理方面具有积极作用。

(四)调查法

调查法指对不能直接观察到的心理现象,通过调查、访问、谈话、问卷等方法搜集有关资料,以间接了解被研究者的心理和行为的一种方法。调查法主要包括谈话法、问卷法、材料分析法等。

谈话法是通过研究者与调查对象面对面地进行交谈、收集口头资料的一种调查方法。这种方法具有直接性、灵活性、适应性、效率高等特点,但谈话者的谈话技巧、知识与能力、性格等会直接影响调查的结果,因此,需要选择合适的谈话者并加以培训。

问卷法是通过被调查者对一定问题的回答来研究心理现象的一种方法。问卷法的优点是能同时进行大规模的群体调查,快速收集大量资料。但问卷法不大适于对行为的调查,而且被调查者对涉及态度问题的回答未必完全真实,所以对得到的材料的价值要酌情分析。

闯关考验

一、填空题

1.心理学是研究人的_____及其规律的学科。

2.心理学要研究的问题主要包括_____和_____两方面。

3.旅游服务心理学的研究内容主要有_____、_____和_____。

4.旅游服务心理学的研究方法有_____、_____、_____和_____。

二、判断题

1.心理学在公元前2000年就已经产生了,有着悠久的历史。（　　）

2.人的心理是客观现实的反映,客观现实是指自然环境。（　　）

3.旅游服务心理学的研究对象主要是旅游者和旅游业从业者。（　　）

4.调查法适用于不能直接观察到的心理现象的研究。（　　）

三、简答题

1.什么是心理学？心理学的研究内容有哪些？

2.人心理的实质是什么？

3.旅游服务心理学研究的对象和内容是什么？

4.结合实际谈谈:学习旅游服务心理学有什么意义？研究旅游服务心理有哪些常用方法？

四、实训题

收集旅游宣传广告,从中分析这些广告策划的心理依据。

项目二　感知,初识旅游世界

穿针引线

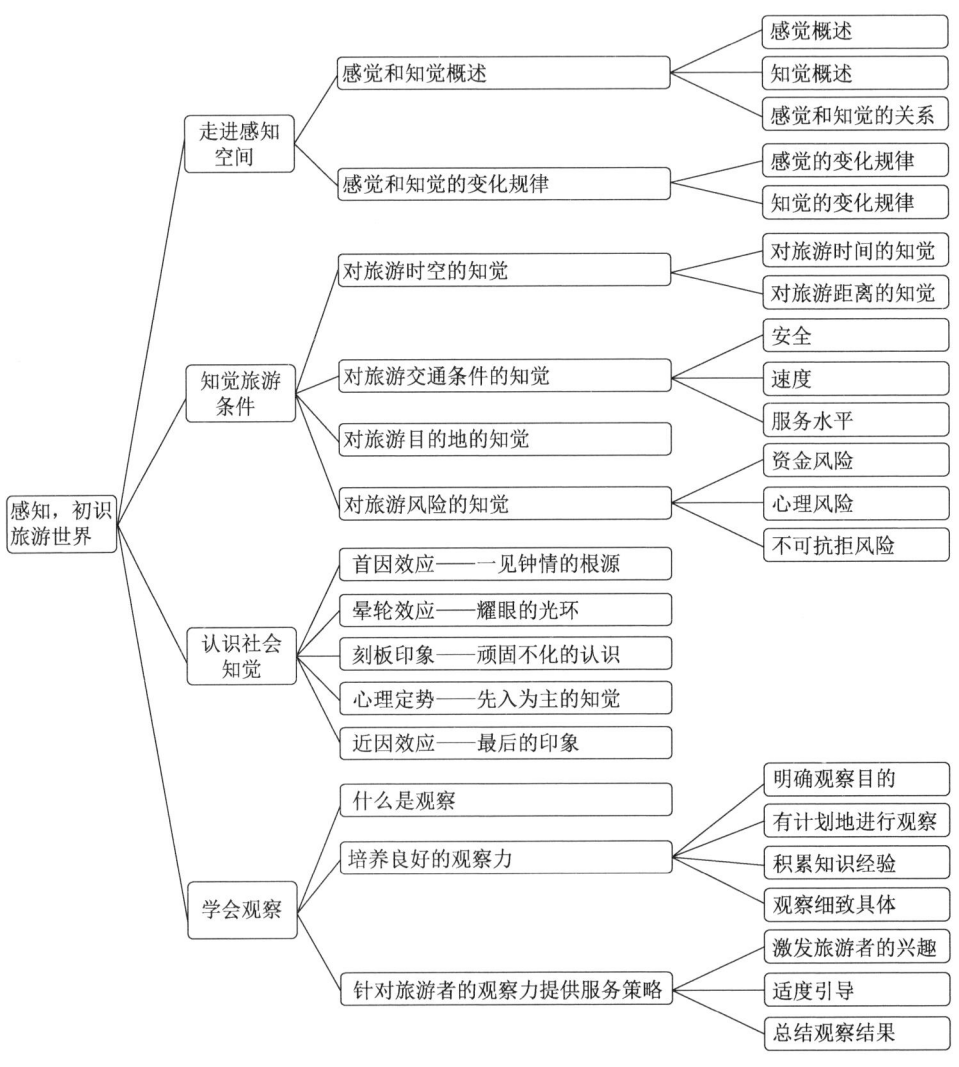

学习目标

1. 掌握感觉和知觉的定义、分类和变化规律,了解感觉和知觉的关系;
2. 理解游客对旅游条件知觉的内容及具体要求;
3. 了解旅游活动中常见的社会知觉,并能够灵活运用;
4. 了解观察的定义,理解培养良好观察力的步骤,掌握提高游客观察力的服务策略。

项目概览

旅游者的旅游活动是从感知开始的,旅游者通过感知打开了认识世界的视窗。本项目主要讲述认知过程中的感觉、知觉、游客对旅游条件的知觉、旅游活动中的社会知觉,以及旅游活动中的观察等内容。感知过程是一切心理活动的基础,希望通过该项目的学习,为旅游工作者运用心理学知识开展工作打下坚实的基础。

任务一 走进感知空间

情境设计

张伟在康辉旅行社经过一段时间的实习,已经熟悉了业务。他迎来了自己的第一个旅游团——15名游客的"华夏文化体验五日团",游客来自全国各地。五天的行程主要是游览嵩山少林寺、龙门石窟、康百万庄园、云台山、殷墟等河南省知名景点。因为是第一次带团,虽然经过了精心准备,张伟还是既兴奋又紧张。第一天的行程为少林一日游,少林寺以一禅一武名扬天下,游客听说要去少林寺都情绪高涨,激动不已,一路上七嘴八舌地问张伟少林寺的情况。张伟带游客先在演武厅观看了少林武术表演,然后参观了少林寺常住院、塔林、三皇寨,晚上观看了实景演出《禅宗音乐大典》。

张伟发现,少林寺演武厅的光线较暗,游客刚进来时会在门口待一会儿才能找到队伍,在看到武僧精湛的武艺表演时,有的游客兴奋不已,有的游客则表情木然。在参观少林寺常住院时,他之前精心准备的导游词发挥了重要作用,从少林寺的来历、少林寺三个字匾额的由来开始讲起,讲到了少林寺的七进院落建筑,由山门殿里供奉佛像的讲究,讲到天王殿、大雄宝殿、藏经阁、方丈室、立雪亭、千佛殿等,他还介绍了塔林里几种有代表性的塔。

第一天的带团经历让张伟收获不小,张伟感到"景点美不美,全靠导游一张嘴",相对于人文景观,语言讲解更为重要。有的游客在旅游过程中更喜欢观看少林武术表演,有的游客则在少林寺建筑风格上表现出较浓厚的兴趣。

根据以上情境,完成下列任务:

1.说说感觉和知觉在旅游活动中的作用。

2.以上情境中哪些涉及内容到感觉和知觉的变化规律?如何利用游客的感知觉为他们提供优质服务?

任务分析

感知是游客认识事物的第一步,人们的一切活动都是从感觉开始的,感觉是知觉的基础,知觉是各种感觉的有机统一。生活中,人们的心理活动很难把感觉和知觉分开进行。上述情境中涉及感觉的适应性、知觉的选择性、知觉的理解性等内容,接下来的第一个任务就先来说说感觉和知觉。

知识讲解

感知觉是人的心理过程的初始阶段,是研究旅游者复杂的旅游心理的基础。游客从旅游过程中的食、住、行、游、购、娱等活动中获得的满足感,无一例外的都要通过感知觉。

一、感觉和知觉概述

什么是感觉?什么是知觉呢?游客在旅游过程中的食、住、行、游、购、娱等活动,能否离开感觉和知觉呢?

(一)感觉概述

1.感觉的定义

感觉是指人脑对客观事物个别属性的直接反映。感觉是最基本的心理活动,是人们认识事物的第一步。人们通过感觉可以认识事物的各种不同的个别属性,如我们看到一只大公鸡,它的形状,它羽毛的颜色,听到它的声音,用手触摸它后感到的光滑感,这些形状、颜色、声音、触感都是大公鸡的个别属性。

图 2-1　大公鸡

2.感觉的分类

人们通常把感觉分为两大类：外部感觉和内部感觉。外部感觉主要有视觉、听觉、嗅觉、味觉、触觉等。内部感觉的感受位于肌体内部，主要接受肌体内部的适宜刺激，反映自身的位置、运动和内脏器官的不同状态，包括肌体觉、运动觉和平衡觉。如表 2-1 所示：

表 2-1　感觉分类一览表

感觉类型		感觉器官	感觉刺激	功能
外部感觉	视觉	眼睛	光波	看东西
	听觉	耳朵	声波	听声音
	嗅觉	鼻子	气味	识别气味
	味觉	舌头	味道	感觉物质味道
	触觉	皮肤	物理压力	感觉硬度、形状等
	痛觉	肉体	疼痛	生命安全
	温度觉	皮肤	温度	生命安全
内部感觉	肌体觉	内脏器官与大脑	食物、水及体内失衡	吃、喝
	运动觉	所有感官与大脑	身体运动	日常行动
	平衡觉	内耳中的前庭	身体重心	身体平衡

人们所接受的外部信息中,80%~90%都是通过视觉获得的,听觉次之。人们用视觉看尽天下美景。乡村的人因看到大都市的高楼大厦、现代建筑、流行时尚而兴奋不已;而城里人却因看见自然风光、乡村风貌而激动愉悦。

图 2-2　上海陆家嘴现代建筑

图 2-3　乡村风貌

(二) 知觉概述

1. 知觉的定义

知觉是指大脑对客观事物整体属性的直接反映。人们在看到大公鸡的颜色和形状,听到公鸡打鸣的声音,感到公鸡羽毛的光滑,这些感觉有机地组合在一起,形成对事物的完整印象——"大公鸡",这就是知觉了。可见,知觉是在感觉的基础上形成的。生活中,感觉和知觉通常是同时进行的。

2. 知觉的分类

根据知觉对象的不同,人们把知觉分为空间知觉、时间知觉和运动知觉三大类。

空间知觉反映的是事物的空间特征,如形状、大小、方位、距离等。如果一个人的空间知觉不准确,在探险旅游中,把前方1米宽的山路知觉为3米就容易出现危险。

时间知觉反映的是事物的延续性和顺序性,如对事物运动过程的先后和长短的知觉。时间无始无终,所以自然界的周期性现象,如太阳起落、月的圆缺、四季变化等,成为人们时间知觉的参照系。在此基础上人们又创造了日历、时钟等计时工具,使时间知觉更精确。人们除了有意识地运用各种参照系产生时间知觉外,还存在某种自动计时的体内装置,即使在失去了所有的时间知觉的参照系后,人的生理过程和节律性活动仍然基本上保持24小时的周期。这就是人们常说的生物钟。

运动知觉反映的是物体空间位移和移动速度变化。通过运动知觉,我们可以分辨物体的静止和运动,及其运动速度的快慢。坐过火车的游客都有体会,当火车还没有启动的时候,我们以窗外正在行驶的火车为参照物,就会感觉到自己所坐的火车在行驶,而作为参照物的列车却没有动;如果以站台上的固定物体(如柱子、商店等)为参照物,就会立刻觉察到,是作为参照物的列车在动,而自己坐的列车还没有行驶。再如坐在奔驰的列车里,窗外的树好像是在奔驰着向后跑一样。这些都是运动知觉。

(三)感觉和知觉的关系

感觉和知觉都是大脑对客观事物的直接反映。离开了客观事物对感觉器官的直接作用,就不会产生感觉和知觉。感觉和知觉的联系见表2-2。

表2-2 感觉与知觉的联系

	相同	不同	联系	分类
感觉	大脑对客观事物的直接反映	反映事物的个别属性	1.感觉是知觉的基础 2.知觉是各种感觉的有机组合	外部感觉 内部感觉
知觉		反映事物的整体属性		空间知觉 时间知觉 运动知觉

感觉是知觉的基础,离开了感觉,知觉就不存在了。知觉是各种感觉的有机组合,不是简单相加。通过感觉只能认识事物的个别属性,还不能把握事物的整体;通过知觉,人可以对事物的各个不同属性、各个不同部分及其相互关系进行反映,能使人认识事物的整体,揭示事物的意义。通常感觉越丰富,越细致,则知觉就越完整、越准确。

生活中,感觉和知觉很难截然分开。二者的关系相互交错,融合为一体。当我们去吃面时,通过视觉看到它的形状,通过嗅觉闻到它的香味,通过味觉品出它的味道,并把这些感觉有机组合在我们的头脑中,反映出这是"面食"而不是"大米"的整体属性,又根据生活经验判断出这是武汉热干面还是北京炸酱面。知觉是对事物更进一步的认知。

二、感觉和知觉的变化规律

(一)感觉的变化规律

感觉的变化规律常见的有感觉的适应性、感觉的相互作用,以及感觉的可训练性等。

1.感觉的适应性

由于外界刺激对感觉器官的持续作用从而使感受性发生变化的现象,就是感觉的适应性。如参加一个舞会,刚到舞会现场时会觉得音乐声很强,待一会儿后,会觉得音乐声没有刚开始听起来那么大,这是听觉的适应。张伟带游客看武术表演,少林寺演武厅的光线较暗,游客从光线强的外面刚进来时要在门口待一会才能找到队伍,这是视觉的适应。

"入芝兰之室,久而不闻其香;入鲍鱼之肆,久而不闻其臭"这句话说的是嗅觉适应。不同的刺激,嗅觉适应的时间不同,有的只需一两分钟,有的需要十几分钟甚至更长时间,如对碘酒的气味一般3~4分钟就可以完全适应,但对大蒜、韭菜的气味则需要40~45分钟才能够完全适应,一些饭店明确规定"员工不能吃大蒜"就是这个原因。触压觉的适应较快、较明显,例如,戴手表的人平时不觉得手腕上有重物。温度觉的适应也较快,大约三四分钟后便能感受到。痛觉则是很难适应的。

2.感觉的相互作用

各种感觉不是孤立存在的,而是相互影响,相互制约的,不同感觉之间的相互作用可以使感受发生变化,这就是感觉的相互作用。研究表明,坐游轮的一些游客看到水中的波纹会有眩晕的感觉,这种眩晕还会引起呕吐感。搬重物的工人听轻快音乐会感觉重物变轻了。吃了糖果后再吃葡萄,会觉得葡萄更酸。如果闭上眼睛,捏住鼻子,我们分辨食物的能力会大大下降。感冒的人常常味觉不敏感。

3.感觉的可训练性

生活中,我们会发现画家对颜色的视觉十分敏锐,能分清二十多种不同的红色,而一般人只能分清三四种红色。盲人的听觉异常发达。音乐家根据乐器的声音就能很清楚地分清乐器。厨师能根据饭菜的气味和味道判断出做菜时放了哪些调料。这说明人们的某些方面的感觉是可以训练的。

(二)知觉的变化规律

知觉的变化规律有选择性、整体性、理解性、恒常性。

1.旅游知觉的选择性

当丰富多彩的事物作用于人脑时,人们总是按照某种需要、目的,主动地、有意识地选择少数事物作为知觉对象,或无意地被某种事物所吸引,以它作为知觉对象,从而对这些事物产生鲜明清晰的知觉印象,而周围的事物则成为知觉的背景,这就是知觉的选择性。如游客在山中的林荫小道上行走,在树上攀爬的猴子更容易引起游客的注意,而旁边的风景容易被当作背景被游客忽视。

图 2-4 荥阳环翠峪一景

俗语所说"仁者乐山,智者乐水"就是典型的知觉选择性的运用。山水并存,乐山或乐水取决于人的知觉选择。不同类型的旅游者,其旅游需要和目的不同,在旅游过程中选择的知觉对象也就有各种差别。有人喜欢休闲旅游,有人喜欢刺激冒险活动;有的人喜欢人文历史,有的人喜欢自然风光;有的人喜欢旅游中的娱乐项目,有的人偏爱旅游购物。

知觉中对象和背景的关系并不是固定不变的,对象和背景会根据一定的主客观条件经常转换。

2.旅游知觉的整体性

人在已有知识经验的基础上,能够把由多个部分或多种属性构成的客观事物知觉为一个统一的整体的特性,就是知觉的整体性。

知觉的整体性表现在对于已经产生过知觉的对象,即使只是对象的个别属性发生作用,也能产生完整的印象。如对吃过巧克力蛋糕的人来说,只要看一眼就知道它是甜甜的、凉凉的、润滑的、可口的。知觉对象关键的、最有代表性的、强的部分往往决定对整体的知觉,其弱势部分则常被忽视。

图 2-5　克拉拉巧克力蛋糕

在旅游过程中,旅游者的知觉的整体性表现为旅游者总是将食、住、行、游、购、娱等旅游活动所包含的各个方面综合起来进行认识,进而评价某次旅游活动的成败优劣。如,威尼斯人 Venetian Macao 度假村酒店被称为澳门旅游的一张名片,它于 2007 年开业,是集免税购物、多元化娱乐、国际美食、会议展览和婚宴服务为一体的大型综合度假村。度假村最大的特色是还原了意大利水乡威尼斯的风貌。游客到威尼斯人旅游后,常把对度假村的各个方面的知觉作为一个整体进行评价,认为它是奢华的、高档的。正是由于旅游知觉的整体性,所以无论是旅游景区的规划、旅游线路的设计选择,还是旅游服务的各个部门、各部门内部的各个环节,都要树立整体观念。

小知识

澳门威尼斯人度假村酒店

澳门威尼斯人 Venetian Macao 度假村酒店占地 117 万平方米,设有 3000 间豪华套房,以意大利威尼斯水乡风格以及著名雕像为特色,并以著名的拉斯韦加斯威尼斯人度假村酒店作为设计蓝本,是一座超级大型的度假式酒店。拉斯韦加斯威尼斯人的特色在澳门威尼斯人度假村酒店再度展现,包括豪华套房、主题购物中心、高级餐厅、表演厅、运动场,以及亚洲最大的会议展览中心之一等。

澳门威尼斯人度假村酒店可容纳九十架波音 747 珍宝客机,是亚洲唯一集庞大设施、旅游热点和各种优良设备于一身的旗舰级建筑。

项目二 感知,初识旅游世界

图2-6 威尼斯人度假村酒店外景

图2-7 威尼斯人度假村酒店外景

图2-8 威尼斯人度假村酒店大堂

图2-9 威尼斯人度假村酒店客房

3.旅游知觉的理解性

人在对当前的事物产生知觉时,以知识经验为依据,力求对知觉对象做出解释并且赋予其意义的特性,就是知觉的理解性。知觉的理解性使人的知觉过程更加迅速,印象准确而完整。如当历史学家在欣赏陕西的秦始皇陵兵马俑时,他会比没有这方面历史常识的普通旅游者所领悟到的东西更多、更深。因为普通旅游者只看到兵马俑的外观和气势,而历史学家所获得的知觉内容就丰富得多,他不仅看到兵马俑的外观,而且能联系到兵马俑与秦始皇之间的关系,更深刻地理解兵马俑所折射出的丰富的历史文化内涵。

图 2-10　西安秦始皇陵兵马俑

生活中,人们不断积累经验,在对新事物产生知觉时经验发挥了很大作用。但在知觉信息不足或复杂的情况下,知觉的理解性需要语言的提示和思维的帮助。导游张伟通过他精心准备的导游词帮助游客对少林寺有了深入的了解,他也有了这样的体会,"景点美不美,全靠导游一张嘴",相对于人文景观,语言讲解更为重要。四川省由乐山大佛所在的凌云山和乌尤山以及东岩山(部分)组成的新的景观,当导游员说远远看去这景观像一尊睡佛,乐山大佛位于睡佛的胸部,可谓"佛中有佛"时,游客会觉得这几座山越看越像睡佛。

4.旅游知觉的恒常性

当知觉的对象在一定范围内发生变化的时候,知觉的印象仍然保持相对不变,知觉的这种特性即为知觉的恒常性。例如,我们熟悉的一位老朋友,无论他穿什么样的衣服走在人群中,我们总能把他认出来。中国经典名曲《春江花月夜》,无论是用二胡演奏,用古筝演奏,还是用钢琴演奏,我们总能听出来这是同一支曲目。

任务二　知觉旅游条件

情境设计

通过第一天的带团经历,张伟和游客慢慢熟悉了。第二天的行程安排是参观洛阳的白马寺、龙门石窟等景点。他发现有不少游客来自湖北、陕西、北京,他们对洛阳很了解,他们期盼着领略古都的风采,欣赏龙门石窟卢舍那大佛的神韵,品尝闻名天下的洛阳水席。

根据以上情境,完成下列任务:

1.从以上情境分析,游客对旅游条件的知觉内容有哪些?
2.如何根据游客对旅游条件的知觉提供优质服务?

任务分析

旅游过程中,旅游者对旅游条件的知觉包括对旅游时空、旅游交通条件、旅游目的地和旅游风险的知觉等方面的内容。上述情境中的部分游客来自文化底蕴同样深厚的城市,他们对旅游目的地洛阳的古都形象很认可,对洛阳也有了较多的了解和更高的期盼。

知识讲解

一、对旅游时空的知觉

在旅游过程之中,旅游者对时空的知觉主要是对时间和空间距离的知觉。

(一)对旅游时间的知觉

1.旅宜速

即旅途要求快速。旅游者一般都对旅游景点充满了美好的幻想,总是迫不及待地想对旅游景点一饱眼福,所以在旅途中有度日如年的错觉,感觉时间过得太慢,旅途枯燥、乏味,这样易引起疲劳感,易睡觉。旅游组织者最好能在这段时间组织一些人人能参与的活动,导游员也可做些游客感兴趣的讲解。

2.游宜慢

即游览活动要放慢速度。旅游者参加旅游活动的主要目的就是为了游览自然山水、鉴赏文物古迹、领略风土民情,从中获得自然美、艺术美、社会美的审美情趣,以达到消遣娱乐、积极休息和愉悦身心的效果。游览的内容越丰富就越具有魅力,越能使人融入其中,流连忘返,达到"乐不思蜀"的境界。

 **特别提示**

对历史厚重的人文景观,要留充足的时间让游客慢慢品味。对风景优美的自然景观,要留足够的时间让游客留影拍照。

图 2-11 自然风景——视窗

3. 交通工具要准时

旅游者乘坐交通工具最担心的就是安全和准时这两个问题。在保证安全的情况下,准时也显得很重要。交通工具晚点或临时取消都会影响或打乱游客原有的计划,易引起游客不满、抱怨、产生纠纷、投诉问题。

 热点透视

河南新郑机场航班延误起冲突

在河南,因为受到持续降雪的影响,2014 年 2 月 5 日,河南新郑国际机场出现了大面积的航班延误和取消,有四千多名乘客的出行受到了影响。6 日凌晨,有部分乘客因为不满引发了冲突。一名情绪激动的旅客把手中的废纸扔向服务台,另一名旅客也用手中的矿泉水两次泼向柜台内的工作人员,之后将矿泉水瓶直接砸向柜台,南方航空公司的蓝色牌子被砸下。7 日上午,南航服务台上的电脑键盘被一名乘客夺出并扔在地上猛砸,最后这名乘客还和闻讯赶来的警察动起了手。

分析: 在国内,消费者最常遇到的航班延误情况是在到达机场后才得知的。49.7%的消费者是在候机时被告知航班延误或取消的,有相当比例是在登机后得知的。提前得到信息或被告知的比例很低。而欧洲各国机场遇到航班延误,虽然也会有人抱怨和投诉,但却很少见激烈的冲突,主要原因有两个:一是欧洲各航空公司重视信息透明化,遇到此类情况会加强与旅客的沟通;二是在补救义务上,欧盟

国家的航班对延误旅客候补改签其他航班的操作很透明,不少航空公司会用屏幕公布排序名单,普遍是按照购买机票的价格高低进行排序。关于飞机延误的处理细节,中国需要与国际接轨,做到及时传递信息和使信息透明化。

(二) 对旅游距离的知觉

人们在选择旅游目的地的同时,因为休闲时间的限制,还要考虑从居住地到旅游地之间的距离。旅游距离知觉对旅游者做出是否旅游的决定具有以下两方面作用:

1. 阻止作用

旅游距离知觉的阻止作用主要体现在以下几个方面:

(1) 经济方面:距离越远的旅行无疑花费越多,正如一个国家的出境旅游状况也是该国经济发展水平的象征,但较多的花费易对旅游产生阻止作用;

(2) 时间方面:对于抱着"时间就是金钱"观念的现代人来说,远距离,特别是偏僻的、交通花费时间长的地方就容易产生阻止作用;

(3) 身体是否能适应方面:旅游需要耗费体力,旅游时的身体消耗比平时上班时要多得多,而且要适应时差、饮食、水土、气候等多方面因素的变化;

(4) 生活方便程度方面:远距离旅游需要携带的物品可能很多,如更换衣服等,这也容易产生阻止作用。

此外,语言、风俗的差异以及安全方面的考虑也可能成为不利的阻止因素。如生活在郑州的人去少林寺游玩,与去山东的泰山或去西藏旅游的安全感受是不同的,正如古诗云"劝君更进一杯酒,西出阳关无故人",更给人以长途旅行的苍凉感。总体而言,距离客源地较近的旅游景区,相对的旅游者会多一些。

 最新动态

中国出境游进入"亿时代"

2014年12月3日下午,国家旅游局召开新闻发布会宣布,截至2014年11月,中国内地公民当年出境旅游首次突破1亿人次。1亿人次,这个璀璨的数字在2014年12月3日这个时点上得到官方确认。

中国内地公民出境旅游人数自有统计数据的1998年的843万人次开始,到2014年破亿,16年增长了10.8倍。"1亿中国人走出去体现了我国经济社会发展的巨大成就,体现了对外开放的巨大成就,体现了小康社会建设的巨大成就。既是中国旅游业发展的一个里程碑,也是中国改革开放、经济社会发展进入新阶段具有标志性意义的大事。"

"亿时代"的出境游给世界各国带来的商机是巨大的。对境外各国而言,1亿人次是个强刺激,旅游业有四五倍的行业带动率,只要抓住中国游客,本国旅游业就有希望。对中国游客来说,"亿时代"的出境游,也需要更加尊重他人、尊重自我,做有理有节的中国游客。

资料来源:徐晓磊.出境游人次过亿意味着什么[N].中国旅游报,2014-12-08.有删改

2.激励作用

从另一个角度来说,距离越远的旅游地越有吸引力。"天那边""在那遥远的地方""天涯海角"等,自古以来都曾经是人们所向往的地方,遥远的异国他乡能激发人们的好奇心,满足人们的猎奇心理需求。从心理学的角度来看,距离之所以产生了美,是因为人们在感知对象时,拉开的距离增加了信息的不确定性,给人更广阔的想象空间,使人把自己的愿望投射到了相对模糊的对象上,从而产生了美的印象。因此,远距离旅游景点的吸引力,除了神秘与陌生之外,也包括了人们对美的向往。

综上所述,距离知觉对人的旅游行为的影响是双重的,既有阻止作用,又有激励作用。旅游经营者既要吸引近距离的旅游者畅游此地,又要不断地挖掘远方潜在的旅游者,这就要求他们提供高质量的旅游产品,同时破除"酒香不怕巷子深"的落后观念,加强旅游的营销宣传。

 热点透视

"丝绸之路"旅游线路

2014年6月22日在卡塔尔多哈举行的第38届世界遗产大会宣布,中国、哈萨克斯坦、吉尔吉斯斯坦三国联合申报的"丝绸之路:长安-天山廊道的路网"项目成功通过评选,进入《世界遗产名录》,成为首例跨国合作、成功申遗的项目。2014年6月18日,从西安出发的丝绸之路"长安号"豪华专列旅游线开始运行,包括哈萨克斯坦、吉尔吉斯斯坦在内的全线丝绸之路线路也于2015、2016年与游客见面。

"丝绸之路"是中国与地中海沿岸诸国商品往来的通路,是一条横贯亚欧的古代贸易之路,它起自中国的长安(今西安),西至罗马。"丝绸之路"是西汉时张骞出使西域时开辟,经甘肃、新疆,到中亚、西亚,并联结地中海各国。这条古老的陆上通道,把古老的中国文化、印度文化、波斯文化、阿拉伯文化和古希腊、古罗马文化连接起来,促进了东西方文明的交流。国家旅游局编制的《丝绸之路旅游区总体

规划》于 2007 年开始启动,"丝路旅游"被作为拥有强大产品支撑的国际品牌来打造。旅游区范围涉及河南、陕西、甘肃、青海、宁夏、新疆 6 个省区。丝绸之路沿线的自然景观奇特而壮丽,主要有青海湖鸟岛、巴音布鲁克草原的天鹅自然保护区和天山深处的天池、青海的盐湖、罗布泊的雅丹地貌、吐鲁番的火焰山和克拉玛依的魔鬼城等。

分析:"丝绸之路"作为中国最早推出的旅游线路之一,旅游资源丰富,但因其线路较长,横跨地区较广,交通不便,需要时间较多等原因,该线路对旅游者既有激励作用又有阻止作用,以致长期以来处于不瘟不火的境地。随着其申遗的成功,这条古老的线路重新引起了人们的重视。

二、对旅游交通条件的知觉

现代交通条件便利、快捷,大大改善了人们旅游的出行条件,尤其是飞机、轮船的出现,实现了人们周游世界的梦想。影响旅游者对旅游交通条件的知觉因素有以下几点:

(一)安全

人们出门在外,选择什么样的交通工具,安全是首要的考量重点。20 世纪初,"泰坦尼克"号豪华游轮发生大海难,2014 年 12 月 28 日,意大利"诺曼大西洋"号渡轮行驶到希腊科孚岛附近海域时,船上的一个车库起火,截止到 2015 年 1 月 4 日,大火还未被全部扑灭,当时已造成 11 人死亡,19 人失踪。这些事件使人们对海上旅游心有余悸。人们在选择飞机前,也会注意搜集有关航空公司的事故记录,常会选择安全系数高的交通工具。

 最新动态

亚航失联飞机背后:廉价航空模式是否存在安全隐患?

2014 年 12 月 28 日上午,亚航 QZ8501 航班突然失联,机上 155 名乘客和 7 名机组人员失踪。亚航飞机失联,使亚航及其代表的"低成本航空"模式再次受到人们的关注。有些廉价航空公司的安全记录不佳,有的却保持了良好的安全记录,造成这种差别的原因在于,航班是否严格执行航空规程、管理是否有瑕疵等,而不在于是否"廉航"。

低成本航空,又称廉航,其主要通过简化的服务、型号更单一的机队、较低的票务成本等方式,降低运营成本,以低票价实现航空"公交化","薄利多销"获取利润。这一最初遭到各大航空公司嘲笑和抵制的模式,在过去数十年中得到了长足的发展,席卷美洲、欧洲、大洋洲、亚洲等市场,以近30%的增长率,成为航空业中发展最快的板块。目前,低成本航空已占全球运输总量的26%,在欧洲,这一比率达到了39%。

"低成本"是否带来"低安全"?应该说,这两者没有必然联系。航运事故的特殊性,决定了它一旦发生,对航空公司声誉的打击是致命的,低成本航空更难以承受这种打击,所谓"安全才是最大的效益"。经过数十年的运营,低成本航空的事故率并未高于传统航空。最早的廉航公司美国西南航空已多年成为美国运量最大的航空公司,被列入世界最安全航空公司前十名。欧美主要的廉航公司,也保持了良好的安全记录。

此次出现事故的亚航,在过去十几年的运营中,也从来没有出过恶性事故,在2009—2014年间,还连续6年被Skytrax评为"全球最佳低成本航空"公司。在此次事故之前,亚航及其子公司拥有"惊呼完美"的安全记录,它们的飞机没有发生过致命事故。当然,亚航曾出现过一些"偏离跑道"事故。

资料来源:观察者网站,http://www.guancha.cn/Neighbors/2014_12_29_304695.shtml.有删减

(二)速度

旅行中交通工具速度的提高为人们节省了时间,减轻了人们旅途中的疲劳。如郑州至开封的轻轨列车,全线列车设计时速达200公里到250公里,使两城的直达时间仅为19分钟,使"双城"生活成为可能,当天双城旅游有望实现。郑州航空港建成后,郑州至韩国仁川机场的直航飞机最短时间仅为两个小时。

(三)服务水平

热情、周到、礼貌的服务,会使人产生亲切感,给人留下美好的印象,使人乐于接近,乐于选择;相反冷冰冰的服务则会使人产生疏远的态度,拒绝选乘。

三、对旅游目的地的知觉

旅游者对旅游目的地的选择在很大程度上取决于对旅游目的地的知觉,旅游目的地的旅游资源状况、交通、设施、服务、宣传等因素都会影响旅游者的选择。旅游目的地如果具有迤逦的自然风光、独特的人文景观、宜人的气候、便捷的交通、舒适的接待设施、独特的娱乐活动、友好好客的人民、有素养的旅游接待队伍、完美的旅游地形象和有效的宣传,必然会成为旅游者首选的对象。如河南省以丰富的旅游资源、淳朴的民风、安定的社会环境、便捷的交通、快速发展的经济吸引着海内外游客。2013年,河南省共接待海内外游客4.1亿人次,同比增长13%,其中接待入

境游客207万人次,同比增长8.7%;实现旅游总收入3875.5亿元,同比增长15.2%。2014年,河南省重点打造多种旅游产品,如中原古都文化游、山地休闲度假游、华人寻根祭祖游、中原红色文化游、三国文化主题游、黄河文化游、南水北调生态文化游、功夫文化体验游等精品旅游路线,吸引了不同需求的旅游者。

图 2-12　安阳红旗渠一线天

四、对旅游风险的知觉

在旅游过程中,旅游者由于个人特点,如受制于文化层次、智力水平、经济水平等,以及受旅游产品宣传或服务种类的影响,以至于因购买目标不明确、缺乏经验、信息了解不充分、受相关群体影响等因素而出现一些旅游投资风险,具体如下:

(一) 资金风险

资金风险是指旅游者花在旅游上的金钱是否买到了物有所值的旅游产品和优质服务。近年来,随着旅游市场竞争的加剧,旅游产品同质化问题越来越突出,旅游价格也越来越透明,旅行社之间的差距更多的是在服务方面。旅游者对资金风险的感知更多的是在对服务的满意程度上。

(二) 心理风险

心理风险即现实与期望值不相符所带来的风险。如郑州的千年古刹少林寺因其"禅"和"武"而驰名中外,许多外国游客通过电影等方式看到了中国的少林寺,怀着满腔豪情,远渡重洋来学习中国武术,当有的游客看到现实中的少林寺和自己想象中的金碧辉煌、气派十足的形象有着很大的距离时,往往感觉到失望、失落,觉得眼见不如闻名。但有的游客经过一段时间的接触,发现少林武术的确是博大精深时,就有了柳暗花明的感觉,感觉自己的期望值得到了满足。

(三) 不可抗拒风险

不可抗拒风险指由于地震、洪水、传染病等自然灾害和社会动荡造成的风险。2014年12月31日,上海外滩陈毅广场发生拥挤踩踏事故,造成36人死亡,47人受伤。究其原因,在于信息量发布不足,许多人不知道当时的大型跨年灯光秀活动因人流量众多等问题已更换地点,依旧前往老地点观看灯光秀致使当时人流量远远超过预期,警力配置不足,最终造成了踩踏事件的发生。事发后,上海当晚的亮灯活动已取消。同时,上海所有的跨年庆祝活动全部取消。

旅游者为了减少旅游活动中的风险,常采用的方法有:广泛地搜集信息,进行比较、衡量;寻求高价格、高收费的品牌旅游产品,等等。随着电子商务的快速发展,O2O日益受到人们的重视。如现在一些网站,推出的旅游产品以相对低廉的价格受到游客的喜爱,而且产品的多样化也方便游客选择风险小的产品。

小知识

O2O

O2O 即 Online To Offline(在线离线/线上到线下),是指将线下的商务机会与互联网结合,让互联网成为线下交易的前台,这个概念最早来源于美国。O2O 的概念范围非常广泛,既可涉及线上,又可涉及线下。

O2O 商务模式的关键是:在网上寻找消费者,然后将他们带到现实的商店中。它是支付模式和为店主创造客流量的一种结合,实现了线下的购买。这种模式应该说更偏向于线下,更利于消费者,让消费者感觉消费较踏实。

最新动态

传统与在线旅游:合作才能共赢

2014年11月30日,中国旅行社协会2014年度论坛在云南弥勒市落下帷幕。此次论坛,中国旅行社协会邀请了线上线下23位业者为旅行社同人授业解惑。演讲者嘉宾囊括了阿里、去啊、携程、去哪儿、同程、途牛等众多在线企业。在线嘉宾的演讲主题大多落在了构筑平台、合作共赢上,而线下业者则将演讲主题放在了如何突围及寻找自身优势方面。大家都表示,传统与在线是相辅相成的关系,合作才能共赢。

关于线上线下问题,论坛最后作出总结:线下为本,线上为用;线下深耕,线上突破;上下结合,线下反哺线上。互联网作为介质和工具是无法取代线下服务的,无论怎样变化与发展最终都将回归到旅行社行业的本质,服务价值的认同和尊重,不管需求变化如何,旅游的服务产品属性是永恒的。相比互联网技术,互联网思维更加重要。

资料来源:张宇.传统与在线旅游:合作才能共赢[N].中国旅游报,2014-12-08.有删改

任务三　认识社会知觉

情境设计

第三天的行程安排为参观焦作的云台山。张伟一大早就随司机师傅去酒店接游客,然而由于堵车,到酒店时比预定时间晚了两个小时。从郑州至焦作1个多小时的车程,游客下午3点才到达云台山景区。多数游客对此表示很不满意,有些游客还有些敌对情绪。在景区内,大家各自游玩,不听张伟的安排。张伟觉得很奇怪,前两天和游客相处挺好的,今天大家怎么会有这样的反应?

根据以上情境,完成下列任务:

1.游客反应异常的原因是什么?

2.如何利用社会知觉处理好这件事?

任务分析

影响社会知觉形成的首因效应、晕轮效应、刻板印象、心理定势、近因效应等现象在旅游活动中普遍存在着。张伟第三天的迟到行为给游客留下了不好的印象,造成了晕轮效应。在做好旅游常规服务的同时,抓住活动中社会知觉的关键点,才能起到事半功倍的效果。

知识讲解

社会知觉的形成依赖于多种因素,如认知主体、认知客体以及环境等,人们对社会知觉的认识常存在一些误区,这些误区容易给社会认知带来偏差。主要的社会知觉误区有以下几种,了解它们并妥善地加以利用,能起到提升旅游服务质量的作用。

一、首因效应——一见钟情的根源

首因效应又叫第一印象,是指与人交往时最初得到的信息对印象的形成影响很大。首次对人形成的印象,往往影响着对人以后的看法。例如:在第一次见面时,你看到的这个人是一位服饰得体、和颜悦色、性格开朗的人,你一般会愿意与他继续交往;反之,如果印象是他一脸凶相,恶声恶气,或衣着邋遢,举止下流,那么,你一般就不愿意再与他交往下去。这种根据人们在初次见面以后形成的"第一印象"来决定是否还愿意继续交往,以及按什么样的"人际距离"来进行交往的现象,叫作"第一印象效应"。

有这样一个研究:向两组大学生分别出示同一个人的照片,出示之前,对甲组说,这是一个德高望重的学者,而对乙组说,这是一个屡教不改的惯犯;然后,让两组大学生分别从这个人的外貌说明其性格特征。结果,出现了截然相反的评价。甲组的评价是,深沉的目光,显示思想的深邃和智慧;高高的额头,表明在科学探索的道路上无坚不摧的坚强意志。乙组的评价是,深陷的眼窝,藏着邪恶与狡诈;高耸的额头,隐含着死不悔改的顽强抵赖之心。从这个研究可以看出,在产生第一印象时,往往会伴随产生一定的态度,从而影响进一步的知觉形成,第一印象间接左右了人的判断。

二、晕轮效应——耀眼的光环

晕轮效应又称光环效应,是指人们对事物某一特征的突出印象,并将这种印象扩大为事物的整体特征,从而产生美化或丑化事物的现象。就像月晕一样,由于光环的虚幻印象,使人看不清对方的真实面目。如游客到酒店中,如果接触到的前厅空气混浊,地面未打扫干净,就会推断该酒店的餐厅、客房也是一样的不整洁;反之,如果客人看到的是清洁明亮的前厅,服务人员衣着整洁,就会对酒店留下良好的印象,并由此推想到酒店其他设施也是干净整洁的。

 最新动态

万宁借力光环效应,推旅游新产品待"候鸟"落巢

2014年10月的北方已经寒气逼人,10月的南国仍然暖意融融。为进一步利用自然条件优势,深入开拓旅游市场,万宁市将目光瞄准向往海南冬天的岛外老人,推出了旅游新产品——"候鸟"游。

据了解,今年万宁提出"冬天给父母一个春天的家"的口号,支持和引导兴隆

旅游区有条件的酒店共同开发"候鸟"游市场。

万宁空气中负氧离子含量高达12 000个/立方米,是一个天然绿色大氧吧;同时,万宁富硒土壤的面积占全市面积的66%。得益于这一优越的自然条件,目前万宁人口平均预期寿命及80岁以上老人比例均比全国水平高出不少。有着令人艳羡的山水条件和有口皆碑的长寿现象,近年来万宁的"候鸟"游市场已逐渐成熟,但没有形成规模。获评"中国长寿之乡",对万宁而言,正好是这个关键时间点被送来的一股东风。授奖当天,中国老年学学会副会长赵宝华就表示,这是含金量十足的城市新名片,当地可以借机大力发展旅游、养老等相关产业。对此,相关人员表示,好好利用"中国长寿之乡"带来的光环效应,"候鸟"游这盘棋,万宁一定会下得很好。

资料来源:苏庆明,陈循静.万宁旅游新产品静待"候鸟"落巢[N/OL].海南日报,2013-10-29.http://hnrb.hinews.cn/html/2013-10-29/content_6_7.htm.有删改

三、刻板印象——顽固不化的认识

刻板印象指人们对社会上某一类事物产生的比较固定的看法,也是一种概括而笼统的看法。人们由于地理、经济、政治、文化等条件聚集在一起,所以在进行社会认知的时候,人们也往往给聚集在一起的人们赋予相同的一些特征,对不同职业、地区、性别、年龄、民族等群体的人们形成较为固定的看法。当人们采用这些较为固定的看法去识别一个具体的人,对他进行判断、推测和概括的时候,就有可能出现偏差,这就是社会刻板效应。如人们认为美国人民主、天真、乐观、友善、热情;英国人保守、狡猾、善于外交、有教养、严肃;德国人有科学精神、进取、爱国、聪慧、勤劳;法国人好艺术、轻浮、热情、潇洒、乐观;日本人善于模仿、爱国、尚武、进取、有野心;我国的南方人比较谨慎,北方人比较豪爽大方等。

小知识

中国游客的海外形象

美国人眼中的中国游客总是到处拍照、大声喧哗。

美国是个非常注重私人权益的国家,很多人在自家大门上写着"私人财产,不许进入"的字样。一些不明情况的中国游客,看到人家的房子或院子很漂亮,不但私自进入观赏,还四处拍照,这当然会遭到房子主人的严厉警告。即便在公开场所,中国游客也应注意哪些设施可以拍摄和录像,哪些不可以,否则可能陷入麻烦。

一些中国游客在旅游场所以及飞机、车厢、酒店和电梯等场所大声喧哗、高声

说笑的行为,显得很刺眼。

欧洲人眼中的中国游客经常大声喧哗、不排队、随地吐痰。

在欧洲的各种旅游项目中,"荷比卢德法五国四日游"是一条常年开设、很受欢迎的旅行线路,报团走这条线路的游客很多。就在这条线路上的一些旅馆中,早餐时间会专门划定一个区域,用中文写着:"中国游客用餐区"。这些字确实让中国人不舒服。可中国游客吃饭时说话声音总是很大,影响到同时进餐的其他顾客。这其实是生活习惯差异的一种表现,一边吃饭一边和同伴旁若无人地聊天,这在中国司空见惯,但对于习惯了安静吃饭的西方人来说,就无法接受。

资料来源:中国游客在海外形象之调查[N].国际先驱导报,2006-10-08.有删改

四、心理定式——先入为主的知觉

心理定式是指人在认识特定对象时心理上的准备状态,即它在对人产生认知之前,就先入为主地在脑海中形成了印象。我国古代"智子疑邻"的故事表现的就是典型的心理定式:故事中的老汉丢了一把斧头,他怀疑是邻居小伙子偷走了,在以后的几天里他认真观察了邻居小伙子的行为,越看越觉得他像是窃贼;一次偶然,老汉找到了斧头,他再去看邻居小伙子,发现怎么看小伙子也不像小偷了。

五、近因效应——最后的印象

近因效应是指在对事物形成总体印象的过程中,最近一次获得的信息对人们认识事物的影响最大。旅游者在对旅游活动进行评价时,常把最近的旅游感受作为重要的评价依据。所以旅游过程中的送团环节十分重要,送团环节将直接影响到游客对整个旅游活动的评价。

任务四 学会观察

情境设计

第四天的行程是游览康百万庄园。康百万庄园位于河南省巩义市康店镇,始建于明末清初。康氏家族前后十二代人在这个庄园生活,跨越了明、清和民国三个时期,有400余年历史,庄园也从最初的山腰建至山顶。这是一处典型的17—18世纪封建堡垒式建筑,是中原古建典范。张伟在讲解庄园的建筑特色时,发现有的

游客并没有随着他的讲解观察建筑的特点,这些游客只顾观察自己感兴趣的东西,表现得总是"跟不上趟"。

根据以上情境,完成下列任务:
1. 为什么游客的反应与导游设想的不一样呢?
2. 旅游活动中如何引导游客进行观察?

任务分析

游客的观察力在旅游活动中发挥着重要作用。良好的观察力有助于游客在旅游活动中增加信息量,获得更大的收获。张伟可以通过明确观察目的、增加讲解的趣味性并进行最后的总结引导游客进行有效的观察。

知识讲解

一、什么是观察

观察是一种有目的、有计划的知觉。具有良好的观察力可以帮助旅游服务人员观察旅游者,获得准确的信息,以便及时提供优质服务。

二、培养良好的观察力

观察力是在生活实践中逐渐形成和提高的。经常进行观察训练有助于观察能力的提高。良好观察力的培养要做到以下几方面:

(一) 明确观察目的

明确的观察目的是提高观察效果的前提。观察目的越明确、越具体,观察事物就越清晰。在游览历史建筑物时,导游人员一般会引导游客进行观察。如果游客自己观看,则往往会东张西望,抓不住重点。观察目的不明确的旅游服务人员会形成左顾右盼、熟视无睹、心不在焉的懒散作风。

(二) 有计划地进行观察

周密而详尽的观察计划可以使旅游服务人员按计划、有步骤地进行观察。在观察中做到有针对性地感知事物的主要特征,做到心中有数,不至于顾此失彼,遗漏重点。

(三) 积累知识经验

丰富的知识经验是人们提高观察力的重要因素。旅游服务人员对知觉对象的认识受已有知识经验的影响。因此,在观察过程中,充分利用已有的知识经验,不仅能够促进观察的顺利进行,而且也能不断地提高观察能力。

> 小知识

三棵将军柏

河南省登封市嵩阳书院的将军柏,是中国最古老的柏树,人称"原始柏",在国内外享有盛誉。游客仔细观察会发现三棵将军柏的不同,"大将军柏"树高12米,胸围5.4米,冠幅16米;树身向南斜卧在"凸"字墙上,树冠浓密,郁郁葱葱,犹如一柄大伞遮掩晴空。"二将军柏"树高20米,树干粗12.54米,树身已空,可容数人。"三将军柏"树已于明末被火烧死。导游人员在讲解时,根据已有的知识经验,一般会提到关于将军柏的传说,以生动形象的故事提高游客的观察力。据说三棵将军柏的形状跟汉武帝当年对它们不公平的封号有很大关系。"大将军"柏最小而封得最大,心中暗自感到羞愧,羞愧地低下了头,弯下了腰。"二将军"心中多有不服,气愤至极,竟把肚皮气炸了,变成今天看到的空心树。而"三将军"是又气又恼,认为自己是最大的柏树而封号最小,心中气愤难平,一怒之下引火自焚。

(四)观察细致具体

对事物的主要特征观察得越细致、越具体,对事物的认识就越明确。旅游服务中,旅游服务人员要对旅游者的外貌特征进行细心观察。外貌特征包括人的体型、容貌、神情、衣着、姿态等。不同地域的旅游者,其外貌特征存在着明显的差异。如东亚地区的旅游者身材矮小、黑头发、黑眼睛、黄皮肤;欧洲地区的旅游者身材高大、金发碧眼、皮肤白皙;非洲地区的旅游者身材高大、头发卷曲、嘴唇较厚、皮肤黝黑。阿拉伯地区的旅游者喜欢穿白袍,女性还要戴面纱;东南亚的旅游者喜欢穿印花的衣服;欧洲旅游者喜欢穿着休闲服饰,女性旅游者还喜欢佩戴多种饰品。

三、针对旅游者的观察力提供服务策略

敏锐的观察力对旅游者具有十分重要的意义。旅游服务中,服务人员要针对旅游者的观察力,提供相应的服务策略。

(一)激发旅游者的兴趣

人们对感兴趣的事物会主动地去了解。在旅游过程中,激发旅游者的兴趣,可以增强旅游者观察的主动性。如不了解黎族竹竿舞的旅游者,听到导游人员的有关介绍后,感到竹竿舞十分有趣,就会产生浓厚的兴趣,当他们看到这种活动时,就会主动观察竹竿舞是怎么跳的,有什么节拍和技巧。

(二)适度引导

适当的语言提示可以增强旅游者对事物的理解。很多游客分不清楚"东坡

肉"和红烧肉,但听到导游人员关于"东坡肉"来历的介绍后,增强了对"东坡肉"的理解,再仔细观察,就很容易对二者进行区分了。

小知识

"东坡肉"的来历

苏东坡到杭州任知州期间,浙西一带大雨不止,太湖泛溢,庄稼大片被淹。苏东坡及早采取有效措施,使浙西一带的人民度过了最困难的时期。他又组织民工疏浚西湖,筑堤建桥,使西湖旧貌变新颜。杭州的老百姓很感激苏东坡做的这些好事,听说他在徐州及黄州时最喜欢吃红烧肉,于是许多人上门送猪肉。苏东坡收到肉后,指点家人将肉切成方块,然后烧制成熟肉,分送给疏浚西湖的民工们吃。他送来的红烧肉,民工们都亲切地称为"东坡肉"。当时,杭州有家大菜馆的老板,听说人们都夸"东坡肉"好吃,也按照苏东坡的方法烧制,挂牌写上"东坡肉"出售。这道新菜一应市,那家菜馆的生意很快兴隆起来,门庭若市。一时间,杭州不论大小菜馆都有"东坡肉"。后来,杭州厨师们公议,把"东坡肉"定为杭州第一道名菜。

图 2-13 东坡肉

(三)总结观察结果

旅游活动中,旅游者的观察结果是其观察力的集中体现。为保证观察的有效性,服务人员要引导旅游者总结观察结果。如导游可以在游客游览过湖南的张家界和崀山后,引导他们总结"张家界地貌"和"丹霞地貌"的异同,使游客在旅游中增长见识,积累知识。

闯关考验

一、填空题

1.感觉变化的规律有_____、_____和_____。

2."仁者乐山,智者乐水"体现了_____。

3.游客对旅游交通的知觉内容主要包括_____、_____、_____。

4.导游人员要做好最后的送团服务,这是因为旅游活动中社会知觉的作用,其中的_____起着重要作用。

5.培养良好的观察力的有效办法有_____、_____、_____、和_____。

二、判断题

1.游客的旅游服务心理活动是从感觉开始的。（   ）

2.旅游感觉和旅游知觉是一回事。（   ）

3.旅游中,游客对事物的认识先有感觉,后有知觉,感觉和知觉是不同步的。（   ）

4.远距离的旅游目的地对旅游决策只有阻止作用。（   ）

5.导游人员要精心做好第一次接团的准备,这是因为晕轮效应发挥了重要作用。（   ）

三、简答题

1.旅游活动中感觉的规律有哪些？你能举例说明吗？

2.旅游活动中的知觉规律有哪些？你能举例说明吗？

3.你能说出感觉和知觉的关系吗？

4.旅游者对旅游时空的知觉内容有哪些？

5.旅游活动中常见的社会知觉有哪些？你能分别举例说明吗？

6.旅游活动中,针对旅游者的观察力做好服务的策略有哪些？

四、实训题

在旅游景区的见习活动中,观察男性游客和女性游客的表现,总结他们在选择旅游目的地、旅游活动项目和旅游购物等活动中的异同。

项目三　认识,再识旅游世界

穿针引线

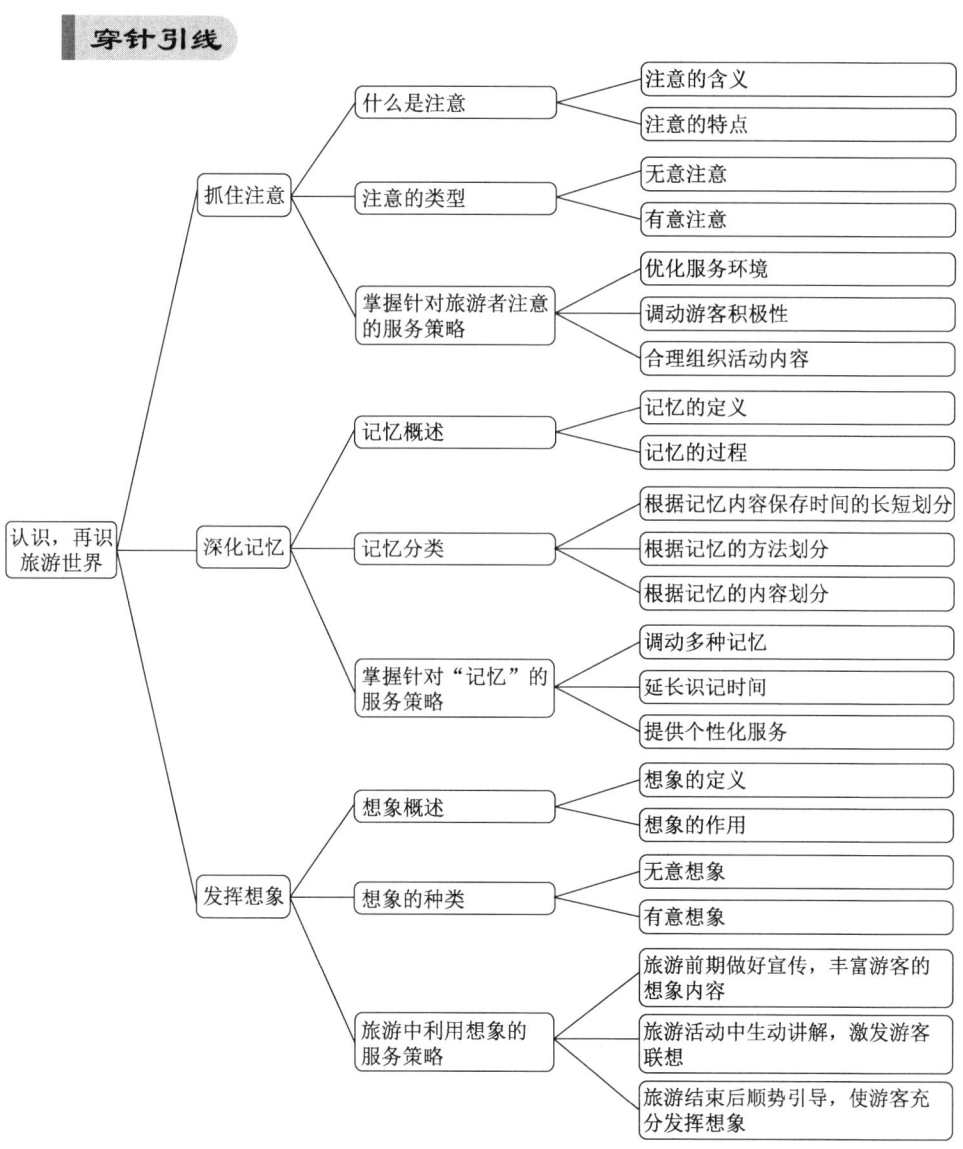

学习目标

1. 了解注意的定义、特点和类型，掌握提高游客注意力的服务策略；
2. 了解记忆的概念、分类，理解记忆的过程，掌握提高游客记忆力的服务策略；
3. 了解想象的定义、作用和分类，掌握提高旅游者想象力的服务策略。

项目概览

感知是认识过程的初级阶段，记忆和想象是认识过程的高级阶段，注意是人们生活中最常见、最熟悉的心理现象，人们的心理活动时刻都伴随着注意。本项目主要阐述了注意、记忆及想象的基本理论，在此基础上分析了如何在旅游工作中根据旅游者的这些特点做好服务工作。

任务一　抓住注意

情境设计

第五天游览安阳殷墟。张伟用一个半小时的时间详细地讲解了极具魅力的甲骨文。结果一些游客听着听着就跑神了，还有些游客干脆自己观看，不听他的讲解。张伟对甲骨文的讲解准备得挺充分，却没有能牢牢地抓住游客的注意力。

根据以上情境，完成下列任务：

1. 什么是注意？注意有哪些种类？
2. 讲解过程中怎样抓住游客的注意力？

任务分析

注意是人们的心理活动的伴随状态。离开了注意，人们的心理活动就无法进行。旅游活动中有意注意和无意注意共同发挥着作用。张伟的旅游服务需要合理运用有意注意和无意注意，以抓住游客的注意力。

知识讲解

一、什么是注意

(一)注意的含义

注意是人的心理活动对一定事物的指向和集中。注意的能力称为注意力。生活中,许多汽车驾驶新手都喜欢在汽车后窗或车尾贴上提示语,除了常见的"新手上路""磨合期内"之外,还有"别追了,本人已婚""别吻我,我怕羞(修)"等,一语双关、妙趣横生,这些提示语能够有效地吸引人们的注意。当人们把心理活动指向并集中在某些内容上,就是注意了。正是有了注意,人们才能认识到周围的世界。

(二)注意的特点

指向性和集中性是注意的两个特点。

1.注意的指向性

注意的指向性是指人以一定的事物作为心理活动的对象。如在旅游目的地,游客在拥挤的人群中遇到熟悉的朋友,就会把注意力指向这位朋友,而把其他人作为背景。可见知觉活动伴随着注意。

特别提示

注意不是独立的心理活动,它是心理活动的一种伴随状态。

2.注意的集中性

注意的集中性是指人的心理活动在特定的对象上保持并深入下去。旅游者的心理活动不仅指向特定对象,而且可以使注意在这个对象上保持相当长的时间。集中性使注意对象得到鲜明而清晰的反映,而周围事物得到的反映则比较模糊,或者根本得不到反映,产生"视而不见、听而不闻"的现象。如河南焦作陈家沟的太极拳因其含蓄内敛、连绵不断、以柔克刚、急缓相间、行云流水的拳术风格而远负盛名,因此在焦作云台山景区,游客常驻足观看太极拳表演。

图 3-1　太极拳表演

注意的指向性和集中性是密不可分的,它是同一注意状态的两个方面。当旅游者的心理活动指向于某一对象时,同时也就集中在这一对象上。没有指向性也就没有集中性,指向性又通过集中性表现出来,它们是相互联系、相互统一的关系。

二、注意的类型

根据注意时有无目的性和意志努力程度的不同,把注意分为无意注意和有意注意两大类。

(一)无意注意

1.无意注意的含义

无意注意是指事先没有预定目的,也不需要做任何意志努力的注意。无意注意常常是由周围环境发生变化而引起的,表现为在一定刺激物的影响下,旅游者不由自主地注意到新事物。如走在张家界的林荫路上,忽然出现的小动物会引起旅游者的注意,这就是无意注意。

2.引起无意注意的因素

(1)注意对象与背景的差异。能引起人们注意的事物是注意的对象;反之,没有引起注意的周围环境是注意的背景。在绿叶中看到红色的蜻蜓,往往会把红蜻蜓作为注意对象。

图 3-2　台北士林官邸一景

无意注意的注意对象与背景之间的差异,主要有以下三种:

①静止状态间的对比。同样是静态的事物,对象和背景差异越大,越容易引起旅游者的注意。如少林寺的实景演出《禅宗音乐大典》就是在黑暗的夜空中利用灯光的色彩,达到较好的舞台效果。

图3-3 《禅宗音乐大典》演出实景

②静止状态和运动状态的对比。相对静止的背景,运动变化的事物更容易引起旅游者的注意。如游客盛夏在山间小溪旁夜宿,蛙叫声在寂静的夜晚很容易引起游客的注意。

③运动状态间的对比。同样运动着的事物,运动状态的对比差异越大越容易被注意到。如在旅游娱乐表演中,主唱人员和伴舞人员的活动状态有着鲜明的对比,通常是伴舞人员跳着动感十足的舞蹈,主唱人员缓缓走出,游客能一下子注意到舞台上的主角。

(2)旅游者自身的因素。旅游者自身的因素主要包括旅游者的情绪状态、兴趣需要和经验水平等,这些都对无意注意有着直接的影响。

①情绪状态。旅游者的情绪状态在很大程度上影响着无意注意的范围。注意的范围又叫作注意的广度,是指同一时间内,人们能清楚地注意到的对象的数量。如心情愉快、喜悦时,注意的范围会很广,平时注意不到的事物,这时也很容易引起旅游者的注意。相反,忧郁、沮丧状态下的旅游者,注意的范围会窄得多,对平时很吸引其注意的事物也视而不见。

②兴趣需要。一般情况下,凡是旅游者感兴趣的、满足其需要的事物都容易引起无意注意。2014年,随着俄罗斯经济的衰退、卢布的贬值,中国的许多旅游者赴俄时竞相抢购奢侈品,原因就在于他们较为关注卢布汇率的变化,关注引起了注意。

 热点透视

神曲《小苹果》,文化与旅游的激情碰撞

2014年7月10日,一曲《小苹果》火遍大江南北,张家界市武陵源景区迅速制

作《张家界版小苹果》网络视频,其中植入大量张家界自然风光、民俗等一系列张家界旅游元素。该视频网络点击率破4000万人次,给观众带来自然风光和滑稽情景交融的电视音乐经典。

"你是我的小呀小苹果,怎么爱你都不嫌多……"这首"神曲"不仅盖过当年《江南 style》和《最炫民族风》,成为广场舞的新宠,也成为各大景区和旅游目的地的宣传借力点。更令人惊叹的是宁夏旅游局花费大手笔制作了宁夏版的《小苹果》,以时间轴为主线,展现出中华5000年厚重的文化气息。韶山在《中国出了个毛泽东》大型实景剧演出中竟以"神曲"收尾,前一分钟还在饰演主要角色的演员,后一分钟便带领上千名观众齐跳"小苹果"。

分析: 时尚文化、都市文化与旅游结合能产生激情碰撞。红色文化在许多人看起来,是比较严肃的主题。在红色文化中引入时尚文化元素,引起旅游者的无意注意,使游客在轻松愉快的氛围中接受传统革命教育,这种方式可取。同时,也让人们对创新传统红色教育方式有了新的认识。

资料来源:邢丽涛.说说2014文化旅游那些事儿[N].中国旅游报,2015-01-05.有删改

③经验水平。旅游者已有的经验水平也会影响无意注意。如主要从事现代建筑的设计师外出旅游时,会不由自主地关注异地各式各样的现代建筑,而对古代建筑物屋檐细微的差异则不太留意。长期从事古建筑研究的学者,则会注意到古建筑屋檐构造的不同、技术水平的差异。

(二)有意注意

有意注意是有预定目的,并需要做出一定意志努力的注意。有意注意的指向和集中不取决于刺激物的特点,而是服从于旅游者已确定的活动目的和任务,它的保持还需要做出一定的意志努力。

有意注意是人们在生活实践中发展起来的。在旅游活动中,旅游服务人员身体不舒服,但为了能够提供优质的服务,需要克服病痛的困扰继续做好服务工作。

 **特别提示**

无意注意能引起旅游者的兴趣,使注意指向某一事物,认识到事物的表面。有意注意使旅游者的注意集中于该事物,并长久保持,以更深刻地认识事物。生活中,无意注意和有意注意是可以相互转化和交替的。

三、掌握针对旅游者注意的服务策略

旅游服务中,针对旅游者注意的服务策略要做到以下几点:

(一)优化服务环境

优化服务的环境,防止吸引无意注意的刺激出现。如在会议旅游中,会议现场服务的主要目的是使与会的旅游者认真听取会议内容。所以,会议服务人员的服务就有可能成为干扰。因此,在会议服务中,会场环境要干净、整洁,色彩和谐。服务人员的制服要朴素大方,所穿的鞋子也要是走路无声的软底儿鞋,除了茶水服务外,服务人员一般不要在会场随意走动。

(二)调动游客积极性

一般来讲,参与性强的活动容易吸引旅游者的注意。在前往景点的沿途中,旅游者坐在大巴车上容易睡觉,导游人员通常会组织对歌、猜谜语等参与性强的游戏活动以吸引旅游者的注意。

(三)合理组织活动内容

在旅游活动中,合理地组织旅游活动,张弛有度的活动安排,可以使旅游者的有意注意力更持久。如在景点旅游活动安排上,常把游览活动与娱乐活动结合起来。如到了四川九寨沟的藏区,导游常在白天带领游客游览九寨沟的自然风景,晚上则多会安排游客参与当地藏民的娱乐活动。到泰国旅游的游客则大多会观看到当地的特色表演。

图 3-4 泰国大象表演

任务二　深化记忆

情境设计

第五天的旅游行程结束了,下午,张伟把大家送到了郑州车站。在送行的车上,张伟和游客一起回顾此次河南华夏文明之旅的收获,提到了每天的旅游内容,他发现很多游客已经忘记了最初两天里的一些旅游活动。

根据以上情境,完成下列任务:
1.记忆的类型有哪些?
2.如何在旅游过程中深化游客的记忆?

任务分析

游客渴望在旅游过程中留下美好的记忆,同时,旅游服务人员也希望旅游带给游客一份难忘的回忆。张伟在带团过程中,虽然知识准备得很充分,但在服务中表现得呆板,缺少灵活性。他还需要掌握识记规律,能够运用不同类型的记忆,提高游客在旅游中的记忆力。

知识讲解

良好的记忆力有利于人们学习、工作和生活,更是人们珍藏旅游精彩瞬间的必备条件。

一、记忆概述

(一)记忆的定义

记忆是指人脑对经历过的事物的反映。人们感知过的事情,思考过的问题,体验过的情感或从事过的活动,都会在人们的头脑中留下不同程度的印象,其中一些作为经验能保留相当长的时间,在一定条件下还能恢复,这就是记忆。如旅游者能经常想起曾去过的旅游景点,发生在旅游过程中的事情。

(二)记忆的过程

记忆的基本过程由识记、保持、再认和回忆三个环节组成。

1.识记

识记是记忆过程的开端,是获得知识和经验的过程。根据识记有无明确的目的,把识记分为无意识记和有意识记两种。

(1)无意识记

无意识记是指没有预定目的,也不需要做意志努力,自然而然发生的识记。无意识记具有很大的选择性,凡是对人有重要意义的,与人的需要和兴趣有密切联系的,能引起人们较强情感体验的事物,都容易被识记。无意识记在旅游活动中占主导地位。如到海南旅游,虽然旅游者没有明确的识记的目的和任务,也没有付出特殊的努力和采取什么措施,但在海南大东海潜水、在三亚看海、品尝各种水果的经历能自然而然地被识记下来。

(2)有意识记

有意识记是事先有明确的目的,运用一定的助记法,需要做出意志努力的识记。通过有意识记可以有效地获得系统而又完整的科学知识。有意识记在学习和工作中占主导地位,在旅游活动中也十分重要。如工业旅游活动中,旅游者旅游的目的是了解新技术,因此他们会对旅游工业园内的设备、技术十分感兴趣,并力争记住。

小知识

常用的助记法

1.多种感官并用记忆法

在记忆时,如果能同时使用多种感官,做到眼看、口读、手写、耳听,效果比单纯的看或听要好得多。

2.尝试回忆记忆法

在识记一份材料时,可以先通过读、抄、听,识记几遍后,尝试着不看原文进行回忆,当回忆不起来时再看原文,然后继续回忆,直到完全背诵或默写出来。这种方法比单纯重复诵读的效果好。

3.列表对比记忆法

列表对比记忆法是将记忆材料,按其结构特点,用图表的形式进行归类、对比,通过图表使繁杂的内容简单化、特征化、条理化,一目了然,易于记忆。

4.分段分散记忆法

对较长或较复杂的材料,可以采用分成几段分散地进行记忆,然后再综合起来。这种方法比集中复习的记忆更牢固。

2.保持

保持是对识记内容的一种强化过程,与保持相对应的就是遗忘。德国心理学家艾宾浩斯发现了遗忘的规律:先快后慢、先多后少。根据这个规律,克服遗忘的有效办法是及时复习,复习安排应先紧后松。

3.再认和回忆

再认和回忆是对过去经验的两种不同的再现形式。再认是指人们识记过的事物再次出现时,人们能准确地认出来。回忆是指人们过去经历过的事物在头脑中重新出现的过程。如有过九寨沟游玩的经历,这段经历一直存在脑海中,这是保持阶段;一段时间后还能想起这段经历,这是回忆;不能回想起来,看到照片后认出来这是在九寨沟的珍珠滩,这就是再认。

记忆过程的三个环节是相互联系、相互制约的。识记是保持的前提,没有保持也就没有再认和回忆,而再认和回忆又是检验识记和保持效果的指标。由此可见,记忆的三个环节缺一不可。

二、记忆分类

根据不同的分类标准,可以把记忆分成不同的类型。

(一)根据记忆内容保存时间的长短划分

根据记忆内容保存时间的长短,可以把记忆分为瞬时记忆、短时记忆和长时记忆。

1.瞬时记忆

瞬时记忆存储时间为0.25~2秒。瞬时记忆的容量很大,但保留的时间很短。当信息受到注意,即得到识别,转入短时记忆。没有被注意到的信息会很快消失,被遗忘掉。

2.短时记忆

短时记忆是瞬时记忆和长时记忆的中间阶段,保持时间为5秒~2分钟。短时记忆容量有限。如生活中,人们对很多手机号码都无法记住,通常储存在手机中,需要时,查到该电话立即拨打,打完电话后,号码就忘记了,这种对手机号的记忆就是短时记忆。学生边听课边记笔记也属于短时记忆。

3.长时记忆

长时记忆是指保持时间在一分钟以上,至几天、几个月、几年乃至终生的记忆。长时记忆的容量没有限度,信息的来源大部分是加工过的短时记忆的内容。我们平常所说的记忆的好坏主要就是指长时记忆。如很多成年人依然保持着儿时的某段记忆。

瞬时记忆、短时记忆和长时记忆的区分是相对的,它们之间是相互联系、相互影响的。任何信息都必须经过瞬时记忆才可能转入长时记忆,没有瞬时记忆的"登记"和短时记忆的加工,信息就不可能长时间地存储在头脑中。

(二)根据记忆的方法划分

根据记忆的方法可以把记忆分为理解记忆和机械记忆。

1.理解记忆

理解记忆是通过理解材料的意义,把握材料内容的记忆。如了解人文景点的历史背景、历史故事,可以更好地理解景点的历史意义。

2.机械记忆

机械记忆是指根据材料的外部联系或表现形式,采取简单重复的方式进行的记忆。如导游向游客介绍尧山中原大佛,就需要机械记忆大佛的相关信息:中原大佛位于河南省平顶山市鲁山县佛泉寺,是世界最高的佛教造像。大佛总高208米,身高108米,莲花座高20米,金刚座高25米,须弥座高55米。大佛眼睛高1.9米,宽3.9米,佛手高19米,宽9米,厚5米。中原大佛景区是国家5A级旅游景区。整体佛像铸造用铜3300吨,黄金108公斤,特殊钢15000余吨,表面面积为11 300平方米,通过焊接13 300块铜板而成。景区内的天瑞吉祥金钟净重116吨,是载入《吉尼斯世界纪录大全》的"世界最大外击青铜铸钟"。世界佛光总会会长、台湾佛光山开山宗长星云大师为大佛题写"世界第一中原大佛"大字。

(三)根据记忆的内容划分

根据记忆的内容,可以将记忆划分为形象记忆、情绪记忆、逻辑记忆和动作记忆四种类型。

1.形象记忆

以感知过的事物形象为内容的记忆叫形象记忆。这些具体形象可以是视觉的、听觉的、嗅觉的、触觉的和味觉的形象。旅游者对看过的风景、听过的经典音乐的记忆就是形象记忆。这类记忆的显著特点是保存了事物的感性特征,具有典型的直观性。

2.情绪记忆

情绪记忆是以过去体验过的情绪或情感为内容的记忆。引起情绪或情感的事件已经过去,但对该事件的体验过程则保持在记忆中,在一定条件下,这种情绪、情感又会重新被体验到。情绪记忆既可能是积极愉快的体验,也可能是消极不愉快的体验。旅游中,游客见到美丽景色的兴奋心情是积极愉快的,遇到旅游车堵在路上的郁闷感的记忆则属于消极的情绪记忆。

3.逻辑记忆

逻辑记忆也叫意义记忆,它是以语词、概念、判断、推理、公式、定理等为内容的记忆。逻辑记忆是人存储知识的最主要的形式,是人类所特有的记忆。

4.动作记忆

动作记忆即运动记忆,是以做过的动作或运动为内容的记忆。如对在海边跳伞、潜水、游泳、在景区内骑自行车等动作的记忆,都属于动作记忆。

图 3-5　海上跳伞

小知识

人的大脑的容量有多大？天天记知识会累坏大脑吗

人的大脑有 100 多亿个神经细胞,每天能记录生活中大约 8600 万条信息。据估计,人的一生能凭记忆储存 100 万亿条信息。人脑细胞有 140 亿~160 亿个,被开发利用的仅占 1/10。人脑子里储存的各种信息,可相当于美国国会图书馆的 50 倍,即 5 亿本书的知识。天天记知识不会累坏大脑。

三、掌握针对"记忆"的服务策略

旅游者旅游过程记忆力的好坏主要体现在旅游结束后,对旅游活动的回忆。旅游活动中,针对旅游者的记忆力的服务策略有以下几方面：

(一)调动多种记忆

旅游者对旅游的记忆以再认为主,又以形象记忆、情绪记忆较为常见。如旅游者在见到旅游时拍的照片,购买的旅游纪念品,或是看到曾去过的旅游目的地的相关介绍时,曾有过的旅游经历会历历在目。导游人员可以结合以下三方面做好服务。

第一,根据无意识记选择性强的特点,组织特色、新奇的旅游项目,激发旅游者的兴趣,引起旅游者深刻的情感体验,丰富旅游者无意识记的内容。一些有着动人故事、传说的景物往往能吸引游客的无意识记,从而扩大其识记的内容。如当游客听到关于西湖名吃"西湖醋鱼"的传说后,对它的识记就特别清楚。

第二,安排购买旅游纪念品。如到焦作云台山会购买"四大怀药"之首的怀山药,到了湖南的凤凰古城,不少游客会购买绣有"凤凰古城"字样的荷包。

第三,在旅游景点为旅游者留出拍照的时间。如深居内陆的游客到海边都会拍照留念。

图 3-6　海边风景

(二)延长识记时间

及时对信息进行强化是克服遗忘的有效方法。导游人员可以在旅游初始阶段对旅游内容进行提示,在游览阶段,让游客自己多体验。在每天和每次的旅游活动结束时,都要做好旅游的总结工作。这种及时的提醒,可以强化旅游者的记忆,从而促使瞬时记忆、短时记忆向长时记忆转化。

(三)提供个性化服务

旅游服务中个性化的服务能给旅游者留下深刻印象。如丽思·卡尔顿作为全球首屈一指的奢华酒店品牌,其卓越标准与服务,个性化的人文关注和无与伦比的服务,被业界所认可。从19世纪创建以来,一直遵从着经典的风格,成为名门、政要下榻的必选酒店。因为极度高贵奢华,一向被称为"全世界的屋顶",尤其是其座右铭"我们以绅士淑女的态度为绅士淑女们忠诚服务"更是在业界被传为经典。不管在哪个城市,只要有丽思酒店,一定是国家政要和社会名流下榻的首选。在中国,该酒店目前主要分布在北京、上海、广州、深圳、三亚、香港等地。

小知识

记忆的最佳时间

人一天一般有四个记忆高潮。

1.早晨起床后。由于大脑经过一夜休息,既对前一天所学的知识有重新组合的过程,又对此时学习的知识印象清晰。

2.上午八点至十点。这时人的精力最旺盛,大脑工作严谨、思考周密,学习知识容易理解和消化。

3.晚上六点至八点,也是记忆的最佳时间。

4.睡前一小时,记忆知识有利于巩固。

根据这一规律,早晨最好安排短时记忆的内容,如每天提问的内容、考试时急用的知识等,上午适合学习新知识,晚上适合学习需要长期记忆的内容。

任务三　发挥想象

情境设计

这次旅游活动经束后,康辉旅行社客服对该团部分游客进行回访,并把回访结果反馈给了张伟。有些游客提到"看景不如听景"的问题,一些景点宣传得挺好,想象着有很好的风景,结果到了目的地后有些失望。

根据以上情境,完成下列任务:

1.想象在游客旅游过程中有哪些作用?

2.旅游活动中如何利用游客的想象为他们提供优质服务?

任务分析

人们在欣赏美景时离不开丰富而自由的想象,山水等自然景物原来是无意义的组合,却因为人的想象而变得有意义、有美感。优秀的导游员善于借助语言激发游客的想象力,调动联想,促使他们与审美对象产生情感交流,达到"物我交融""物我同一"的境地,从而获得极大的美的享受。

> 知识讲解

一、想象概述

(一) 想象的定义

想象是人们对头脑中已有的表象进行加工改造,形成新形象的过程。这是一种高级的认识活动。旅游活动中有了想象的参与,旅游就不再是浮光掠影、走马观花了,反而能够较为深刻地理解游览的意义和内容。如游客在观看舞台剧《洛神赋》时,看到的洛神形象是人们根据曹植《洛神赋》中的诗句"仿佛兮若轻云之蔽月,飘摇兮若流风之回雪。远而望之,皎若太阳升朝霞;迫而察之,灼若芙蕖出渌波"想象出来的。

图 3-7 舞台剧《洛神赋》

(二) 想象的作用

1. 预见作用

在活动之前,人们总是先在大脑中形成活动过程和结果的形象,并用想象的预见作用指导活动开展的方向。如旅游活动中导游人员常在到达旅游目的地之前,使用各种方法使游客在头脑中勾勒出景区的美好画面,发挥想象的预见作用。科学家的发明、工程师的设计、作家的人物塑造、艺术家的艺术造型、工人的技术创新、学生的学习,所有这些活动都离不开人们的想象。所以爱因斯坦曾说"想象力比知识更重要"。

2.补充作用

生活中,有许多事物是人们不能直接感知的,但是可以通过想象补充这种知识经验的不足,诸如原始人类生活的情景,古典小说中人物的形象。如旅游者在云南石林的奇石秀峰中款款而行,在石峰上缓缓攀援,会被神奇的石头艺术海洋所征服,形态各异的怪石令游客眼花缭乱,当游客听到关于美丽的撒尼姑娘"阿诗玛"的传说后,这些石头在游客的眼中就像是那位头戴包头,肩背背篓,身着长裙,用深情的目光凝神眺望远方的栩栩如生的阿诗玛。这些都是想象发挥的补充作用。

3.替代作用

当人们的某些需要不能得到实际的满足时,可以利用想象的方式得到满足或实现。如郑州方特欢乐世界的世界顶级圆环过山车——暴风眼,狭长的轨道扭曲360°后形成圆环、优雅神秘,暴风一般的速度转体720°后半空骤停、急速倒退,创造出疯狂刺激的风中旅程。暴风眼加入多种高空运动体验元素,让忐忑和刺激的感觉交织冲击游客的极限,游客如同处于暴风眼之中。

图3-8 方特欢乐世界——暴风眼

方特城堡有很多大型儿童参与式体验项目,游客不仅能现场观看生动有趣的手偶剧表演,还能够亲身感受虚拟仿真、多媒体互动等妙趣横生的游艺技术;淘气堡、小滑梯、充气屋、卡通秀等玩乐设施装点成的童梦天地,更深得小朋友和家长们的喜爱。这些也是想象的替代作用。

图 3-9 方特欢乐世界

二、想象的种类

按照想象活动是否具有目的性,可以将其区分为无意想象和有意想象。

(一)无意想象

无意想象是一种没有预定目的、不自觉地产生的想象。它是人们在某种刺激的作用下,不由自主地想象某种事物的过程。例如,人们看见天上的浮云,想象出各种动物的形象;人们在睡眠时做的梦,这些都是无意想象。

(二)有意想象

有意想象是按一定目的、自觉进行的想象。例如,导游人员根据自然石刻的造型提到相关传说后,游客在头脑中构思出的人物形象就是有意想象的结果。

根据想象内容的新颖程度和形成方式的不同,有意想象又可分为再造想象和创造想象。

1.再造想象

再造想象是指根据语言的描述或图样的示意,在人脑中形成相应的新形象的过程。例如,没有领略过北方冬日的海南游客,通过诵读毛泽东的《沁园春·雪》,利用再造想象,在头脑中形成北国风光的情景:寒冰封山、大雪纷飞,登山望远,雪中群山好似一条银蛇在翩翩起舞,丘陵好似银白色的象在奔跑。好似自己身临其境。再造想象有一定程度的创造性,但其创造性的水平较低。

2.创造想象

创造想象是指在创造活动中，根据一定的目的、任务，在人脑中独立地创造出新形象的过程。在新作品创造、新产品创造时，人脑中构成的新形象都属于创造想象。如鲁迅先生创作的"阿Q"形象，就是一个具有创造性的新形象。创造想象具有首创性、独立性和新颖性等特点。作家所创作的艺术形象源于生活，但又高于生活。

特别提示

幻想是指向未来并与个人愿望相联系的想象，它是创造想象的特殊形式。如各种神话、童话中的形象都属于幻想。幻想不会立即体现在人们的实际活动中，而是带有向往的性质，幻想的形象是人们希望寄托的东西。

三、旅游中利用想象的服务策略

（一）旅游前期做好宣传，丰富游客的想象内容

丰富生动的旅游宣传语是有利于丰富游客想象的内容。如凤凰古城的宣传语"为了你，这座古城已等待了千年"；福建武夷山的宣传语"东方伊甸园，纯真武夷山"；黑龙江伊春市的宣传语"伊春迎宾不用酒，捧出绿色就醉人"。

（二）旅游活动中生动讲解，激发游客联想

在旅游活动中，导游人员生动形象的讲解有利于激发游客的联想。可以利用原形激发想象，如长江三峡岸边的"神女峰"，庐山酷似五位老人并坐的五老峰，河南省形如雄鸡报晓的鸡公山等，都是利用原形开展联想的结果。还可以通过一段历史、一个传说或一个神话故事，激发游客的想象。如陕西武则天无字碑、云南石林阿诗玛等景点借助历史传说吸引了众多游人。在重庆磁器口有个"等某个人茶舍"，游客看到后会联想到茶舍背后的故事，有的游客会有种认同感，会联想到自己人生中错过了某些人，等待着某些人。

（三）旅游结束后顺势引导，使游客充分发挥想象

在旅游结束阶段，服务人员除了要对此次旅游活动进行总结外，还可以充分利用旅游目的地的资源，进行很好的宣传，使游客充分发挥想象，期盼再次重游。如游客"华夏文化体验五日团"旅游结束后，导游人员可以向游客推介河南省丰富的自然资源，像信阳的鸡公山、洛阳的白云山、南阳的宝天曼和丹江水库等，使游客能够再次到河南旅游。

图 3-10　重庆磁器口一景

闯关考验

一、填空题

1.注意是指_____。

2.注意的特点有_____、_____。

3.记忆是_____的反映。

4.记忆的基本过程由_____、_____、_____三个环节组成。

5.想象是指_____。

6.想象具有_____、_____、_____的作用。

二、判断题

1.旅游活动中,没有了注意,游客也能有效地完成旅游活动。（　　）

2.旅游活动中,注意对象和背景间的差异越大越容易引起人们的注意。（　　）

3.旅游者对旅游活动内容的记忆只必须经过瞬时记忆。（　　）

4.游客对游览美景时愉悦心情的记忆属于情绪记忆。（　　）

5.想象和感觉一样,是认知过程的初级阶段。（　　）

三、简答题

1.旅游活动中,针对旅游者的注意力提供的服务策略有哪些？

2.旅游活动中,针对旅游者的记忆提供的服务策略有哪些？

3.旅游活动中,想象具有什么作用？并举例说明。
4.旅游活动中,针对旅游想象提供的服务策略哪些？

四、实训题

通过省内的旅游见习活动,说说在游览过程中如何发挥游客的注意、记忆和想象的作用。

项目四 情绪,检验旅游活动效果的晴雨表

穿针引线

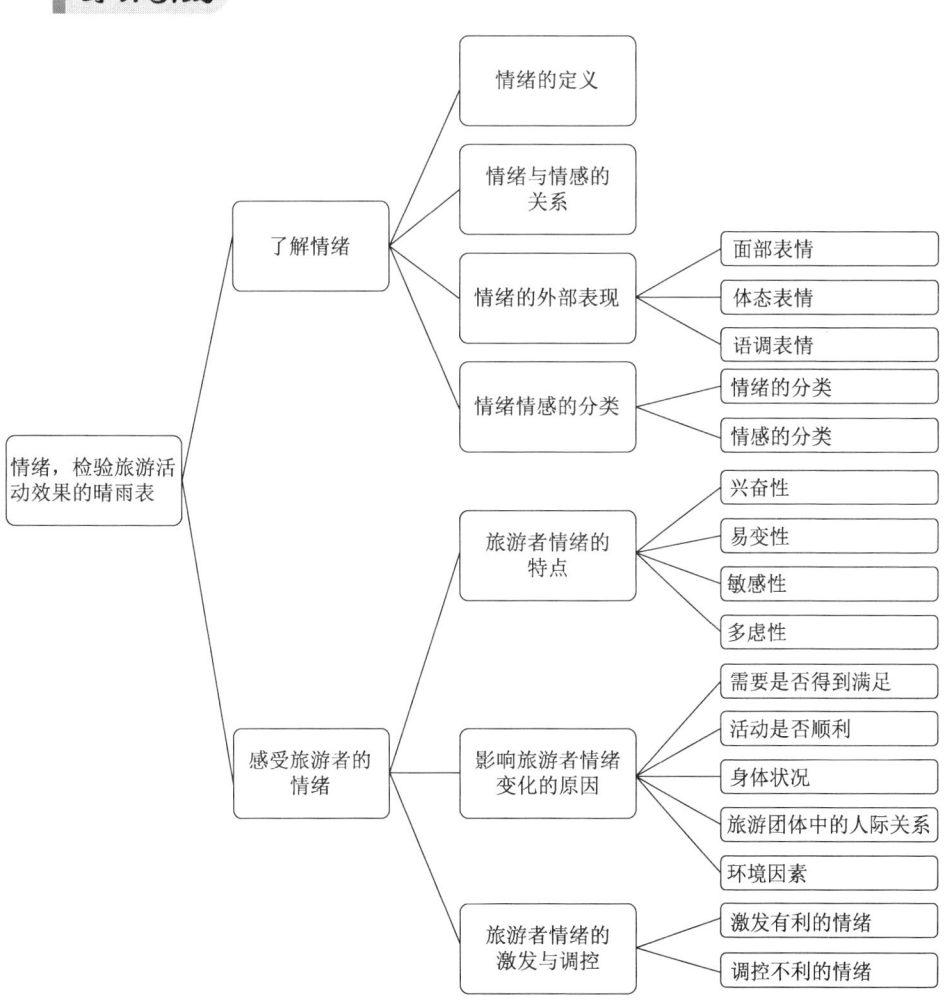

学习目标

1. 了解情绪的定义、外部表现及分类；
2. 熟悉旅游者情绪的特点；
3. 掌握影响旅游者情绪的因素；
4. 掌握激发与调控旅游者情绪的有效办法。

项目概览

旅游服务工作要求旅游从业者在工作过程中保持良好的情绪状态，对待旅游者要热情、周到，但人非草木，旅游从业者也有自己的喜、怒、哀、乐，如何把个人的情绪与工作的要求统一起来呢？这是本项目要解决的问题。本项目讲述了情绪情感的相关知识，介绍了旅游者情感的特点，论述了影响旅游者情感的因素，重点阐述了激发和调控旅游者情感的有效办法。

任务一　了解情绪

情境设计

张伟通过一个月的省内带团活动，积累了一些实战经验，也得到了经理的认可。经理决定派他带省外的团，让他得到更多的锻炼。张伟接到的新任务是"五一"期间的武汉两日游，团内旅游者有一些是父母带着孩子，趁放假期间进行短程游的。游览黄鹤楼时，赶上黄鹤楼正在维修，人又多，上楼的人排成长队。一些排队登楼的旅游者表现出焦虑、不满、烦躁的情绪，有的旅游者干脆放弃了登楼，直接在园内游览、照相，自娱自乐。张伟也是第一次到黄鹤楼，感觉远没有想象的好，不免有些失望。

根据以上情境，完成下列任务：

1. 张伟和旅游者为什么有不同的情绪状态？
2. 游客通过哪些表现反映出他们的情绪状态呢？

任务分析

情绪情感伴随着人们活动的全过程，情绪的产生与人的主观需要是否满足有关系。有的旅游者是为了休闲放松，所以他们在园内休闲游览，不受排队登楼的影响。有的旅游者是想体验李白诗中的意境,却发现处处是人,拥挤不堪,而且黄鹤楼也不完整,正修复中,他们感到失望、不满。

知识讲解

一、情绪的定义

情绪是人对客观事物是否符合自己需要的态度体验。

人们的情绪带有强烈的主观色彩,与人的切身需要或主观态度密切相连。情绪活动是对客观事物与人的需要之间的关系的反映,凡是与人的需要有关的事物,由于对人有着一定的意义,必然使人对之产生一定的态度,并以带有某种特殊色调的主观体验或内心感受的形式表现出来。凡能满足需要的,就会使人产生积极的肯定的情绪,如满意、高兴、兴奋等,凡不能满足需要的,就会使人产生消极的或否定的情绪,如不满、憎恶、愤怒、恐惧等。如有的人在看到黄鹤楼时,会兴奋不已,用诗来抒发情感,而有的人则表现出失望,觉得不过如此。你看到图4-1的黄鹤楼,会有什么感受呢?

图 4-1　武汉黄鹤楼

 最新动态

国家旅游局下发《景区最大承载量核定导则》

2015年元旦期间,上海外滩发生的群众拥挤踩踏事件引起社会各界广泛关注。近日,国家旅游局下发《景区最大承载量核定导则》,要求各大景区核算出游客最大承载量,并制定相关游客流量控制预案。有业内人士指出,《导则》的出台为景区客流监控制定了国标,或将利于防范类似上海外滩踩踏事件的发生。

《导则》指出,景区应结合国家、地方和行业已颁布的相关法规、政策、标准,采用定量与定性、理论与经验相结合的方法核定最大承载量。《导则》同时也给出了明确的测算方法和公式,供各景区参考使用。

例如,《导则》列出,八达岭长城核心景区人均空间承载指标为 $1\sim1.1m^2/$人;故宫博物院核心景区人均空间承载指标为 $0.8\sim3m^2/$人;颐和园的游步道人均空间承载指标为 $0.8\sim2m^2/$人,其他区域为 $60m^2/$人;吉林长白山核心景区人均空间承载指标为 $1\sim1.5m^2/$人。

此外,景区要合理分配游憩用地、旅游接待服务设施用地和旅游管理用地等。景区还应将旅游者人均占路长度、人均占地面积等控制在合理范围内,并基于人文旅游资源或自然旅游资源不同的敏感度、旅游时段、旅游淡旺季等不同特性进行针对性控制。景区还要联合交通与公安部门,对通往景区的外围道路入口和主要集散中心(地)进行流量监控,在景区外部进行引导、分流和截流。

资料来源:陈杰,曾威.国家旅游局下发《景区最大承载量核定导则》[N].北京商报,2015-01-05.有删改

二、情绪与情感的关系

在日常生活中,情绪和情感这两个概念常常被混用或相互替代,我们一直将情绪和情感作为一个统一的心理过程来讨论,但从产生的基础和特征表现来看,二者有所区别。

首先,情绪多与人的生理性需要相联系,具有特定的主观体验;情感多与人的社会性需要相联系,是指这一过程中的主观感受或主观体验。

其次,情绪具有情境性和暂时性;情感则具有深刻性、稳定性和社会性。情绪常由身旁的事物所引起,又常随着场合的改变和人、事的转换而变化。所以,有的人情绪表现常会喜怒无常,很难持久。情感可以说是在多次情绪体验的基础上形成的稳定的态度体验,如对一个人的爱和尊敬,可能是一生不变的。因为如此,情感特征常被作为人的个性和道德品质评价的重要方面。

最后,情绪具有冲动性和明显的外部表现;情感则比较内隐。人在情绪左右下常常不能自控,高兴时手舞足蹈,郁闷时垂头丧气,愤怒时又暴跳如雷。情感更多的是内心的体验,深沉而且久远,不轻易流露出来。

情绪和情感虽然不尽相同,但却是不可分割的。情感是在多次情绪体验的

基础上形成的,并通过情绪表现出来;情绪的表现和变化又受已形成的情感的制约。当人们工作时,总是体验到轻松、愉快,时间久了,就会爱上这一行;当他们对工作建立起深厚的感情之后,会因工作的出色完成而欣喜,也会因为工作中的疏漏而伤心。由此,情绪是情感的基础和外部表现,情感是情绪的深化和本质内容。

特别提示

在日常生活中,情绪对人的心理和行为的影响主要通过情感发挥作用。

三、情绪的外部表现

生活中我们常常根据人们的外在身体表现判断人们处于什么样的情绪中,情绪的外部表现就是表情。人们的表情丰富多彩,是人们真实准确地表达、交流心理感受的重要手段,也是研究情绪的重要客观指标。按照表达情绪的身体部位来区分,表情可以分为面部表情、体态表情和语调表情三种类型。

(一)面部表情

面部表情是指在情绪活动中人的面部肌肉和腺体的变化。其中,眼睛和嘴巴是面部最能表达情绪的部位。如眼可传神——笑眯眯的含情、目瞪欲裂的愤怒、双眼大睁的惊讶;愉快时嘴角上翘,悲伤时嘴角拉向下方,惊奇时口张开等。

特别提示

美国情绪心理学家艾克曼的实验证明,人脸的不同部位具有不同的表情作用,如眼睛对表达忧伤最重要,口部对表达快乐与厌恶最重要,而前额能提供惊奇的信号。

(二)体态表情

体态表情是指在情绪活动中,人的四肢和躯干的姿势和动作变化。如心情沉重时,步履迟缓,哈腰驼背;心情愉快时,步履矫健,胸挺腰直。在体态表情中,手部和头部的动作尤为传情。如大多数国家和地区,点头表示同意、摇头表示反对,低头表示沉思、垂头表示丧气,鼓掌表示高兴、搓手表示焦虑等。

(三)语调表情

语调表情是指在情绪活动中,人们说话时声音的高低、起伏、节奏、音域、转折、速度以及腔调等方面的变化。如悲伤时,语调低沉缓慢;高兴时,语调高昂轻快;愤怒时,语言生硬死板。同样一句话,由于音调、音色和速度不同,可以表达人的各种情绪,如"很好"这个词,用不同的声调、速度可以表现出疑惑、生气、惊奇、鄙视等情感。

知识播放

非语言交流——网上聊天

美因标准信息转换代码(ASCII)的运用是确保网络发展的因素之一。它是一种最小公分母,是所有电脑都能理解的字母表。大多数网上聊天室都是依靠简单的ASCII来转码的,人们也正是通过它在电脑键盘上敲打句子进行交流的。

尽管它的不足之处是显而易见的,但人们仍然可以在聊天室里进行一些感情强烈的交谈。人们交流情感最明显的方式是运用普通的键盘符号,即表意脸形。例如":-)"相当于微笑,表明说话者的友好,";-)"表示眨眼,":-("表示悲伤,":Op~~"表示流口水等。

从理论上说,网络聊天交流渠道的局限性使其只适于冷淡的、客观的交流,而事实却恰恰相反。美国心理学家帕提莎·瓦伦斯在《美国网络心理》(1999年)上,对网络如何产生恒久的友情甚至于罗曼史的问题进行了研究。瓦伦斯指出,聊天室交流之所以这么成功是因为它完全颠覆了我们正常的非语言交流模式。在网络聊天室里,人们在倾听与说话的角色中地位平等,而与之形成鲜明对比的是,在现实生活情境中(比如宴会上),只有那些最漂亮、最自信、最幽默聪明的人才有与人交谈的机会。

网络开辟了全新的交流渠道,虽有局限性,但人们仍可以借此进行情感交流。

资料来源:[英]布丽姬特·贾艾斯.社会心理学[M].丁建略,陈玉生,译.哈尔滨:黑龙江科学技术出版社,2008.

四、情绪情感的分类

(一)情绪的分类

1.根据情绪的性质,可以把情绪分为快乐、愤怒、恐惧和悲哀

快乐是需要得以满足、内心紧张状态得以解除时产生的带有愉悦、舒适体验的

情绪。快乐的程度依赖于满足需要的过程中人所付出努力的程度,以及需要满足的急迫程度和意外程度。

愤怒是愿望或利益一再受到限制、阻碍或侵犯,内心紧张和痛苦的状态逐渐积累而导致的带有反抗和敌意体验的情绪。愤怒常因不良的人际关系而产生。

恐惧是面临或预感到危险而又缺乏应付能力时所产生的带有受惊和危机体验的情绪。引起恐惧的关键因素是缺乏应付危险情境的能力。

悲哀是失去热爱或盼望的事物所产生的带有痛苦、失落或无助体验的情绪。

2.根据情绪发生的形式和强度,可以把情绪分为激情、心境和应激

激情是一种猛烈的、迅速爆发而短暂的情绪体验。激情突出的特点是爆发性。如欣喜若狂、愤怒等都属于这种情绪状态。

心境是一种比较微弱、平静而持久的情绪体验。心境突出的特点是具有感染性,当一个人处于某种心境时,他会以同一种情绪倾向去看待他所遇到的事物和他所从事的活动,仿佛所有的事物和活动都染上了同一种情绪色彩。如"人逢喜事精神爽""感时花溅泪,恨别鸟惊心"等。

应激是指在出乎意料的紧迫情况下产生的急速而高度紧张的情绪状态。应激状态要求人立即做出反应,并调动自己的全部力量以应付之,因此应激过程伴随着有机体全身性的能量消耗。如有的人在突如其来的紧迫事件面前,清醒冷静,急中生智,有的人则目瞪口呆,手足无措。

(二)情感的分类

根据不同的社会内容,可以把情感划分为道德感、理智感和美感。

道德感是因客观事物与人的道德需要之间的关系而产生的情感体验。在日常生活中,每个人都有一定的道德需要,人们据此对自己及他人的言行举止进行道德评价,并因其与自身道德需要的关系而产生相应的道德感,如对符合道德准则的行为感到敬佩、赞赏或自豪,对不符合道德准则的行为感到厌恶、愤恨或内疚等。

理智感是因客观事物与人的智力活动需要之间的关系而产生的情感体验。理智感体现着人对自己智力活动的过程与结果是否符合或满足自己的智力活动需要而产生的情感体验。如因问题终于得到解决而产生的欣喜感。

美感是因客观事物与人的审美需要之间的关系而产生的情感体验。美感产生于人的审美活动中,即人根据自己的审美标准对客观事物、人的行为以及艺术作品予以评价时产生的情感体验。如奥地利维也纳的皇宫美景宫,壮观大气,风景如画,让旅游者油然而生出一种美感。

图 4-2 如画如幻美景宫

任务二 感受旅游者的情绪

情境设计

黄鹤楼下,张伟带着想登楼远眺的旅游者排起了长队,排队的旅游者中有个李女士带着孩子,因为孩子想上楼看看,李女士只好顺着孩子的心意。随着人流一点点往前移动,孩子渐渐不耐烦,开始哭闹,李女士又累又烦。这时,张伟挤到跟前,抱起了小孩,一边哄着一边上楼,孩子停止了哭泣,在张伟的肩头好奇地东张西望,他们终于成功登上了楼。李女士非常感激,再三道谢,张伟虽然辛苦,但看到李女士和孩子快乐的样子,也很欣慰。

根据以上情境,完成下列任务:
1. 讨论引起李女士和孩子消极情绪的原因。
2. 张伟的做法为什么会消除他们的不良情绪?

任务分析

旅游者的情绪具有很大的情境性,现场的状态会直接影响他们的情绪。李女士和孩子因为排队的时间长、疲惫,引起了不良的情绪,这会让他们的游览质量受到影响。张伟非常及时地给予帮助,解决了他们遇到的困难,他们的消极情绪转化为积极情绪,张伟的做法也赢得了游客们的称赞。

> 知识讲解

一、旅游者情绪的特点

旅游者作为旅游服务的对象,其情绪状态如何,是否处于良好的情绪状态下,这对旅游工作评定结果的好坏起着重要的作用,因此我们应了解旅游者情绪的特点,以便提供更优质的服务。其特点主要表现如下:

(一)兴奋性

这是旅游者最明显的情绪特征。旅游者在出游前对将要进行的旅游活动充满了期盼、想象,这种积极的情绪促使旅游者不辞辛劳地为出游做各种准备。在旅游过程中,旅游者对接触到的新鲜的、怪异的事物充满了好奇,会想方设法弄个明白。正是在这种积极的情绪状态促使下,旅游者的旅游行为才得以实现。

(二)易变性

在旅游过程中,旅游者会接触到许多新鲜的事物,这些新事物会刺激旅游者的情绪,引起旅游者情绪的波动。比如,旅游者刚到某一景点时,身体状态好,往往会表现得极为兴奋;当旅途过半时,一些体力差的游客就会感觉疲惫,情绪渐渐平静;当旅游活动临近结束时,游客又会表现出留恋的情绪,想要更多体验当地的风土人情。导游要随时观察旅游者的情绪反映,及时引导他们保持积极的情绪状态。

(三)敏感性

旅游者在旅游活动中处于陌生的环境,对相关的情况不能把握,自身处于一种不断变化的活动中,他们的情绪也相应地呈现出不稳定状态,易表现出多疑、敏感。这是因为存在较大差异的时空跨度、生活环境、人际关系,给旅游者带来了生理和心理上的强烈刺激,使游客产生了应激状态前的紧张反应。

从日常的生活中完全解脱出来的旅游者,对所面临的旅游环境中的一切事物,都以一种全新的视角、全新的眼光看待。眼前的风景、接触的民风民俗、了解的社会风尚等都可能使旅游者产生一定的心理感受。

(四)多虑性

不同地域、不同民族、不同国家的风俗民情与生活习惯的差异,既给旅游者带来了新奇的刺激,同时也使旅游者产生了一定程度的不适应感。如游览宗教圣地,种种清规戒律,让旅游者感到不安,担心由于不了解情况而触犯规定引起纠纷。空间的转移也带来了不同的自然环境,由于生活环境的差异,旅游者会产生身心的不适应感及多虑的情绪。

二、影响旅游者情绪变化的原因

在旅游活动中,影响旅游者情绪变化的原因主要有以下几方面:

(一)需要是否得到满足

人们外出旅游是为了满足某种需要,如有的人是为了求知的需要,有的人是为了健康、娱乐的需要,有的人则是为了满足宗教信仰的需要。人们的需要得到满足,就会产生高兴、喜欢、满意等积极的情绪。如果旅游者的需要得不到满足,就会产生不满、失望等否定、消极的情绪。

(二)活动是否顺利

在整个旅游过程中,如果一切活动顺利,旅游者就会产生愉快、满意、轻松等情绪体验;如果活动不顺利,如旅途过程中出现长时间的堵车,或游览过程中规定的景点没有被安排,就会使旅游者产生不愉快、焦虑、不满等消极情绪。如优美的山水、整洁的环境使旅游者赏心悦目;而难吃的饭菜、拥挤的交通、肮脏的景区会使游客反感、不愉快。

(三)身体状况

旅游活动需要一定的体力做保障,身体健康、精力旺盛是产生愉快情绪的原因之一,而身体健康欠佳或过度疲劳,容易产生不良情绪。因此,导游应随时注意旅游者的身体状况及情感变化,根据情况合理安排活动,做到松紧适度。如在青海、西藏等海拔较高的高原地区,导游一定要提醒旅游者各种注意事项,尤其是注意身体状况不太好的旅游者,若有强烈高原反应一定要劝其休息。

(四)旅游团体中的人际关系

旅游者所在的旅游团体内部的人际关系也会对旅游者的情绪产生影响。一个团体中成员之间相互包容、互相信任、团结和谐的氛围会使人心情舒畅,反之,如果成员互不信任,互相戒备,则会使旅游者没有归属感,处于不安定的情绪中。在人际交往中,尊重他人,欢迎他人,同时也受到他人的尊重和欢迎,就会产生亲密感和友谊感。此外,如果团体中大部分人来自同一个单位,而少数人是独自参加,则少数的几个人会产生被孤立的感觉,导游就应该多关注这部分人。

(五)环境因素

周围的环境也会影响人的情绪。如闷热、潮湿、空气污浊,高噪声或者光线阴暗的环境容易使人产生烦闷、压抑、忧郁的不良情绪,而晴空万里、空气清新、阳光明媚的环境则让人心情舒畅、精力充沛,产生积极的情绪。如图4-3的美景让人如临仙境,心情豁然开朗。

图 4-3　西藏纳木错

 最新动态

"旅游厕所革命"即将到来

　　旅游厕所是游客出行必备的生活设施,是旅游公共服务水平高低的直接体现,更是反映旅游业文明进步程度的重要标志。经过多年的努力,我国旅游厕所的档次和管理水平有了较大的改善,但从总体上看,目前旅游厕所的现状还是"脏、乱、差、少",仍然存在数量不足、质量低劣、布局不合理、管理缺位等问题,影响了中国旅游业的发展,影响了中国旅游业的声誉。有人说,旅游厕所是件小事。其实不然,作为年接待游客超过 37 亿人次的旅游大国,旅游厕所无论如何都是一件大事。据测算,国内旅游一趟平均每人上 8 次厕所,所有游客每年在旅游厕所如厕次数超过 270 亿次,这真是个天文数字。

　　为此,国家旅游局决定用三年左右的时间在全国开展旅游厕所建设管理行动。就是要在全国范围内开展一场"旅游厕所革命",从现在起新建一批、改扩建一批、提高一批旅游厕所。到 2017 年末,必须在数量上、质量档次上、管理模式上有一个大的突破,不能在原基础上修修补补、小打小闹。这项任务在年初召开的全国旅游工作会议上已经作了动员和部署,各地也陆陆续续开始启动。

　　1.把握"四个坚持",轰轰烈烈地打好旅游厕所建设管理这场战役

　　在行业内推动旅游厕所建设管理行动,是一场深刻的革命,关乎广大游客的切身利益,关乎中国旅游整体素质和形象。打赢这场攻坚战,关键是要把握方向,做到"四个坚持"。

一是坚持游客为本、需求导向。旅游厕所的规划布局、设计建设和服务要始终贯穿以人为本的理念,既要满足普通游客的一般需求,还要充分考虑到老年人、妇女、儿童和残障人士等特殊游客的如厕要求。

二是坚持政府引导、属地管理。旅游厕所是旅游公共服务设施,也是重要的地方基础设施。要明确以地方政府为主体。要着力推动地方政府将旅游厕所纳入当地政府基础设施建设规划中,推动业主单位、主管部门和地方政府在旅游厕所建设、管理中承担主体责任。同时,旅游部门要加强对旅游厕所建设与管理的指导,统筹协调规划、城管、交通、环保等部门承担责任和发挥作用。

三是坚持统筹规划、分步实施。各地规划新建和改扩建的旅游厕所,到2017年底,所有的旅游景区、旅游线路沿线、交通集散点、乡村旅游点、旅游餐馆、旅游娱乐场所、休闲步行区等的旅游厕所全部达到A级标准。各地要结合当地实际,统筹考虑制订本地区旅游厕所三年的新建、改扩建规划,以及每年完成的工作任务。

四是坚持建管结合、以管为主。旅游厕所"三分靠建、七分靠养"。要更加重视旅游厕所的管理。管理不好,一些旅游厕所无电、无水、无人管理,成了既不好看又不好用的"面子工程",浪费了资源、浪费了财力物力。要重点解决只建不管、管而不善的问题,要在厕所规划建设的同时,同步考虑厕所的运营问题、管理问题,要探索长效的管理机制体制,让旅游厕所建了有人管、有人愿管,而且管理得很好。

2.抓好"四个落实",保证旅游厕所建设管理行动取得实效

旅游厕所建设与管理行动是一项民心工程,也是系统工程、攻坚工程,工作量大、涉及面广、延续时间长、困难多,为此,各地要敢于碰硬、迎难而上,拿出"硬措施"、拿出"真金白银"来干这件事,必须做到"四个落实":

一是落实工作任务和责任。各级旅游部门要把全面推进本地区旅游厕所建设管理行动化作为当前的一项重点工作,高度重视,强化领导,迅速成立旅游厕所工作机构,制定阶段工作目标,细分工作责任,明确工作进度,迅速开展工作。要在全面推进旅游厕所建设与管理工作的进程中,进一步做好规划、组织、实施和促进方面的牵头工作,要加强对相关旅游企业的业务指导。

二是落实建设资金。从各地上报的建设旅游厕所计划来看,今后三年,全国将新建旅游厕所3万多座、改扩建2.5万多座。其中,2015年新建1.3万多座、改扩建1万多座。建设需要的资金量非常大。为此,要坚持"谁主管、谁建设;谁建设、谁管理;谁管理、谁维护"的原则,要以旅游业主单位为主,积极争取地方财政资金支持,国家旅游局2015年度旅游发展基金向旅游厕所倾斜,各地旅游发展基金也要加大对旅游厕所建设管理行动的支持力度。

三是落实相关支持政策。要积极争取财税、土地等方面的政策支持,在旅游厕

所项目审批、配套设施，以及用电、用水、用气等方面给予适当优惠，整合相关渠道建设资金加快旅游厕所建设与改造；特别要加大财政转移支付对旅游资源丰富但经济落后区域包括革命老区、民族地区、边疆地区、贫困地区的支持和倾斜力度。要力争将旅游厕所建设管理要求纳入文明城市、爱国卫生城市等创建活动中。

四是落实新技术支持。要结合实际，积极采用新技术、新材料来建设旅游厕所，使旅游厕所符合现代时尚、方便实用、节能节水、保护环境等要求。在无上下水系统可以依托的景区景点，应尽量选择能使污物自然化解、不造成环境污染的合适地点，加强自然通风措施，并采用"生态厕所""沼气化粪"等先进技术，保证厕所外观整洁，内部干燥干净，无异味。

资料来源：根据李金早在2015年全国旅游厕所工作现场会上的讲话摘编，有删改

 热点透视

国家旅游局首次针对游客做出处罚

2014年12月17日，国家旅游局召开新闻发布会，通报关于亚航航班两名游客不文明行为事件的处理意见。国家旅游局决定将两名涉事游客的不文明行为信息纳入《全国游客旅游不文明记录》。男性游客记录期限为一年半，从纳入之日算起；女性游客记录期限为一年，从纳入之日算起。同时将此两项纪录通报给旅游业相关企业。

鉴于涉事游客行为已严重影响其他乘客的行程和组团社正常经营，亚航航班同机的乘客和组团社，有权依据《旅游法》等相关法律的规定，就涉事游客行为给自己造成的损失，维护自身合法权益。

此前不久，两名中国游客在亚洲航空曼谷飞往南京航班上的行为，引起了全国舆论的口诛笔伐。事发当日，一男一女两名乘客，先是因调座位与空乘人员发生不愉快。然后，女乘客因廉价航班的开水收费而发飙，拿泡好的方便面泼向泰籍空姐。之后男乘客扬言炸飞机，女乘客则要跳飞机……众多网友纷纷表示，"丢人丢到天上了"。国家旅游局表态认为，事件虽系极个别游客所为，但已严重损害国人整体形象。

分析： 游客不文明行为问题的根源自然是他们自身缺乏素质，但如果我们仅从心理学的角度分析，可以发现两名游客是因为自身的需要没有得到满足，因而大发脾气，处于激情状态，理智控制缺失，以致做出过分的举止，造成恶劣的影响。由此可见，对旅游者不良情绪的调控非常必要，可以减少不愉快事件的发生，确保服务质量。

三、旅游者情绪的激发与调控

分析旅游者情绪的目的,在于了解它的作用和产生条件,以便创造有利条件,激发旅游者良好的情绪,产生良好的旅游活动效果。

(一)激发有利的情绪

旅游服务者根据影响旅游者情绪的因素,可采取以下相应的措施激发旅游者的情绪,使他们形成有利的积极的情绪,具体措施如下:

1.设计开发符合旅游需要的产品

旅游产品的设计必须以旅游需要为出发点。由于旅游者需要的多样性和复杂性,旅游产品也要种类丰富,既有丰富的物质产品,也要有不同层次的精神产品;既有适合大众需要的产品,也要有满足小众群体需要的个性化产品。随着我国旅游者的日益成熟,旅游需要的个性化倾向越来越显著,人们对旅游产品的需求也更加多样化。这就要求旅游产品的开发和设计要和市场紧密结合,不断创新新产品,适应旅游市场的发展变化。

 最新动态

旅游目的地服务需求强烈

在"来一次说走就走的旅行"逐渐成为主流的今天,困扰广大游客的是如何像一个真正的当地人那样去体验一座城市。继携程推出"当地玩乐"板块、去哪儿网上线"当地人"服务之后,以玩途、出国去、海玩为代表的海外目的地旅游服务创业型企业也开始进入大家的视线。游客对此怎么看?近日,本报联合人民网旅游频道、第一旅游网就此展开调查。

据调查,多数选择自助游的受访者对做个"当地人"表示了浓厚的兴趣。受访者杨先生就是其中之一,他说:"离开了日常生活的城市,如果是怀着度假的心情旅行,我想去的不是游客云集的景点,而是做个当地人,感受一下不一样的生活方式。度假就是换一个身份、换一种心情生活。"

早起到天坛公园和北京的老头儿、老太太们一起打太极拳、抖空竹,锻炼完毕去最正宗的京城小馆里吸溜一碗炸酱面,就着几个烫嘴的韭菜馅儿饺子和一碗饺子汤,下午坐地铁到天安门广场看一看,再穿过午门到紫禁城里琢磨琢磨皇家秘史,傍晚带着泡好的茶登上景山顶眺望一下老北京全貌,之后回家"闷得儿蜜"(北京土语,睡觉)。乍听上去,这是一个退休老北京人悠闲的日常生活,事实上,这是一个初到北京、一句中文都不会说、甚至没有预先上网做过旅游攻略的老外逛北京的安排。但作为一名普通的中国游客，当一天土豪开着法拉利玩转迪拜，或者到日本体验一天忍者修行，似乎是遥不可及的事情。

很多人都感慨，外国游客现在到中国，玩的、吃的几乎和本地人没什么区别，特别"本土化"。"我就好奇，他们从哪儿得到的旅游攻略，能把中国玩得透透的。由于工作关系，我经常接触外国人，现在我喜欢去的很多好玩的地方、好吃的饭馆都是外国友人带我去的。真不明白，哪儿来的那么多中国通？我正准备去欧洲，做个旅游攻略都要费死劲了，还要在手机上下好翻译软件，以免临时'抓瞎'。"在外企工作的刘小姐有些不解。

据了解，不少老外正在像当地人一样玩转中国，而且不需要费力地去看游记、做攻略，更不用像《私人订制》一样花掉大笔服务费。他们只需要在海外目的地服务网站上点几下鼠标，甚至是到了目的地临时起意在手机上下个订单，旅途中的一切都能被安排得妥妥当当，却也不用牺牲自由行的舒适便捷。

这样的旅行让很多中国游客羡慕，但很多中国游客不知道的是，像一个真正的当地人一样的旅游方式正在悄然形成。"目的地旅游服务"这个在线旅游业的新词，正在逐渐进入人们视野。

资料来源：吴景彦.旅游目的地服务需求强烈[N].中国旅游报,2014-11-24.有删改

2.提供个性化的旅游服务

旅游企业成功的法则之一就是高质量的服务，旅游企业的硬件条件、设施可以被模仿，但企业自身的管理和服务却是无法复制的。很多旅游企业为了在市场竞争中占有优势，都力图在服务方面创出自己的特色，更加注重旅游者个性化的需求，从细节入手，提供有针对性的服务。如青岛海景花园大酒店，以独具特色的个性化亲情服务感染、打动了不计其数的海内外客人，博得客人的交口称赞。"以顾客为导向"的经营理念和"以情服务、用心做事"的海景精神，是海景人多年来强大的精神支柱。海景人还在业内明确提出："没有给顾客留下美好回忆和值得传颂故事的服务是零服务，服务的最高境界不是让客人满意，而是让客人惊喜和感动。"

3.提供准确有效的旅游信息

旅游者对旅游信息的了解是形成旅游期望的基础，但并非旅游期望越高越好，因为旅游者的满意度取决于期望与实际所得之间契合的程度。当实际所得与期望所得相符时，旅游者就会感到满意；当实际所得大于期望所得时，可以激发旅游者更大程度的满足感；当实际所得与期望所得不相符时，旅游者会不满意。所以，提供准确有效的旅游信息可以确保旅游者的情绪处于积极状态。

(二)调控不利的情绪

因为情绪具有感染性,一旦某个旅游者出现不利的情绪,会很快影响到其他旅游者,所以在旅游服务工作中应尽量避免旅游者产生不利的、消极的情绪。如果出现不利的情绪,应尽快将其控制住。

1.理智控制

旅游过程中经常会出现一些意外事件,这些事件会使旅游者产生消极的情绪,旅游服务人员要善于用理智的思维来调控他们消极的情绪。比如,当旅途中汽车抛锚,一时难以修好时,游客出现了不满情绪,作为导游人员,应该沉着冷静,一方面迅速采取措施来补救,另一方面通过各种手段,使游客从不满的情绪中解脱出来,甚至让游客觉得这种意外事件反倒让人别有一番收获,成为旅游中一段难忘的插曲。

2.转移情境

情绪大多具有情境性,当不利情绪出现时,如果能够果断转移情境,可以及时控制游客的情绪。如餐厅服务员与旅游者产生矛盾冲突,如果让双方争执下去,往往会使矛盾激化,难以控制,甚至会产生严重后果。所以遇到类似的情形,当激情刚开始产生的时候,导游人员就要迅速引导游客离开引起激情的情境,到一个比较安静的环境中,使游客头脑慢慢冷静下来,心情恢复平静。

3.情绪宣泄

情绪宣泄是对自己情绪释放的适应性表达,人们的不良情绪要合理地进行宣泄,这样有助于身心健康。如适当地哭一场、放声歌唱或大声喊叫,向亲朋好友倾诉衷肠或进行剧烈的运动等。在旅游活动中,由于旅游消费和服务的同时性,旅游体验的主观性,当旅游服务质量不符合旅游者期望时,他们就会产生消极的情绪,旅游服务人员应选择合适的时机、场所让游客宣泄他们的情绪,并及时采取补救措施,挽回他们的损失。

闯关考验

一、填空题

1.情绪多与人的_____需要相联系,情感多与人的_____需要相联系。

2.情绪主要通过_____、_____、_____表现出来。

3.根据情绪发生的形式和强度,可以把情绪分为_____、_____、和_____。

4.从性质上看,情绪有_____、_____、_____和_____四种基本类型。

二、判断题

1.情绪和情感是一回事,没有差别。	(　　)

2.情绪具有情境性和暂时性,情感具有深刻性和稳定性。	(　　)

3.在突如其来的紧迫事件面前,清醒冷静,急中生智,这是激情状态。	(　　)

4.对旅游者的所有情绪都要进行调控。	(　　)

三、简答题

1.什么是情绪？情绪有哪些外部表现？

2.旅游者的情绪有何特点？

3.影响旅游者情绪的因素有哪些？

4.怎么样激发和调控旅游者的情绪？

四、实训题

如果你是一名导游,你所带的团队遇到了交通事故,你如何调控团内游客的恐惧、焦虑、不安的情绪？

项目五　个性,增添旅游色彩的调色棒

穿针引线

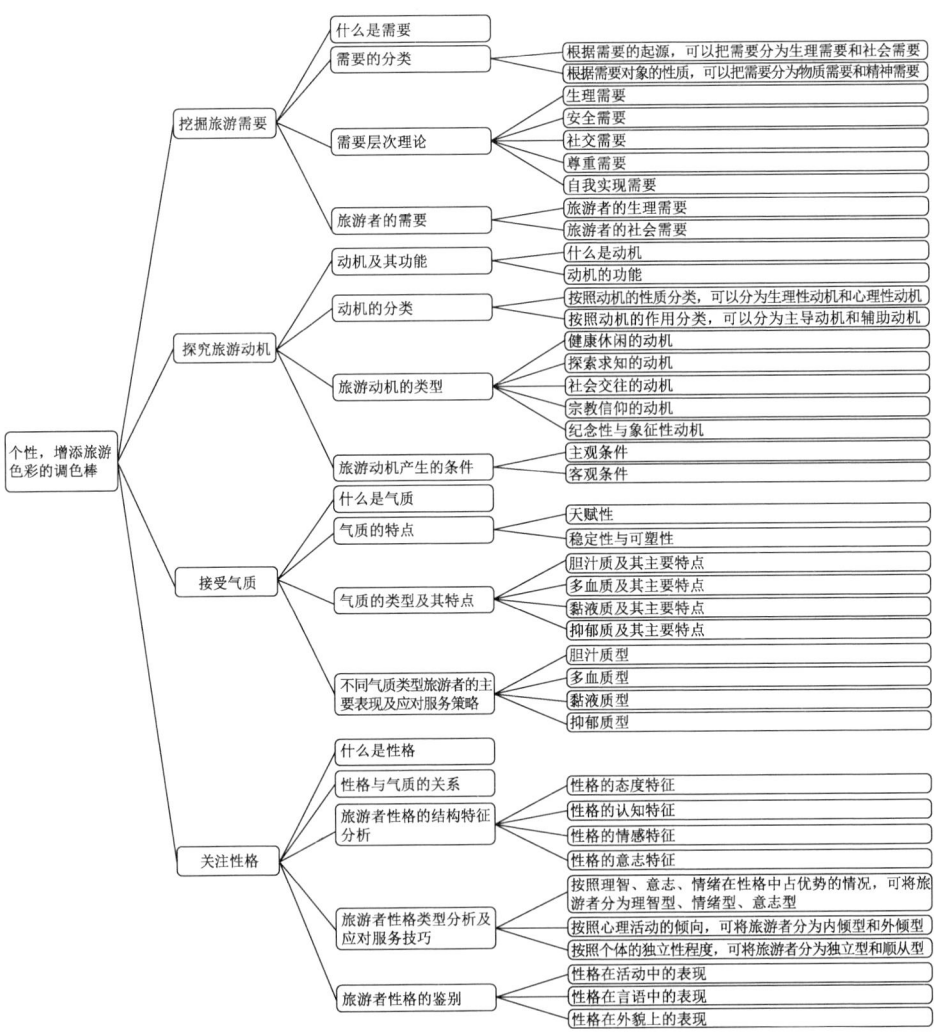

学习目标

1. 了解需要的基本理论,掌握旅游需要的理论及旅游需要的发展趋势;
2. 了解动机的基本理论,掌握旅游动机的类型及其对旅游经营者的启发;
3. 了解气质的基本理论,掌握不同气质旅游者的主要表现及应对服务策略;
4. 了解性格的基本理论,掌握旅游者性格的结构特征与表现。

项目概览

个性是心理学中内涵最丰富的概念,也是旅游服务心理学的核心概念之一。个性作为一种心理现象,客观地存在于每个人身上。个性也是一种复杂的心理现象,它是一个人不同于别人的特有的精神面貌。本项目主要介绍了激发人们外出旅游的动因,即需要和动机,同时也阐述了旅游者独有的气质和性格特点类型,通过这些理论的学习,可以深入研究旅游者的需求差异和个性差异,引导旅游者的旅游行为,并为他们提供有针对性的服务。

任务一 挖掘旅游需要

情境设计

今天,张伟带领游客游览武汉大学。武汉大学是中国最美大学之一,虽然樱花节刚刚过去,但校园依然可见樱花。团队里的游客有刚刚工作的小吴,也有正读高中的小徐,也有正处于事业上升期的孙总。来到遍布绿树红花的校园,大家顿时感觉神清气爽。小徐游走在校园里,一边欣赏美景,一边感叹将来能考到这所学校该是多么美好。小吴因为没有考上武大,一直心有遗憾,在感受武大深厚文化底蕴的同时,也暗下决心,要报考武大的研究生。孙总是武大毕业生,重回母校,追忆青春,感慨万千。

根据以上情境,完成下列任务:

1. 上述三位游客都有哪些不同的心理需要?
2. 不同的需要会如何影响他们的旅游行为?

任务分析

需要是人们一切行为的原动力,因为人们的需要不同,所以他们会有不同的行为表现。同样是游览武汉大学,小吴、小徐和孙总有不同的心理感受,这缘于他们有各自不同的心理需要,这些不同的需要引发了他们不同的情绪情感,进而产生了不同的旅游行为。

知识讲解

要对旅游者的旅游行为进行研究,首先要弄清楚促使人们外出旅游、选择不同的旅游目的地、进行不同的旅游活动的原因是什么,这就是关于旅游消费行为的动因问题。在旅游消费行为的动因系统中,旅游需要是旅游消费行为的最主要的内在依据,是旅游消费行为的原动力和出发点。

旅游需要是人类一般需要的一个组成部分,与一般需要有密切关系。在研究旅游需要前有必要对人类一般需要的相关知识做简要的介绍,为旅游需要的学习提供理论基础。

一、什么是需要

需要是个体和社会的客观需求在人脑中的反映,是个人行为的基本动力。如当人感到饥饿时,会产生对食物的需要;感到寒冷时,会产生对衣服的需要;感到寂寞时,会产生对社交的需要等。需要就是当个体生理和心理上出现匮乏状态,即感到缺少什么,从而想获得它们的状态。

需要是个性倾向性的基础,与人的活动有着密切关系。一方面,需要是推动人活动的基本动力,它促使人朝着一定的方向,追求一定的对象,以行动求得自身的满足,而且需要越强烈、越迫切,所引起的活动就越有力。另一方面,需要在人的活动中不断产生和发展,随着已有需要的满足,人与周围现实关系发生了变化,又会产生新的、更高的需要,从而促使人的活动不断向更高、更大的目标迈进。需要是人们行为积极性的源泉。

二、需要的分类

人的需要是多种多样的,可以从不同的角度对需要进行分类:

(一)根据需要的起源,可以把需要分为生理需要和社会需要

生理需要起源于生命现象本身,是对维持自己生命和延续后代的必要条件的要求,如对食物和睡眠、运动和休息、防寒和避暑等方面的需要。这种需要也叫本

能需要,是人与动物共有的,但人更多受到社会生活条件和社会道德规范的制约。

社会需要来源于社会生活,是人们对劳动、交往、成就等方面的需要。这种需要是后天获得的,具有社会意义,是人类所独有的。

(二)根据需要对象的性质,可以把需要分为物质需要和精神需要

物质需要指的是满足人们需要的对象是一定的物质或物质产品,人们由占有这些物品而获得满足。如满足人们衣食住行需要的生活物资,满足人们工作劳动需要的生产物质条件等。

精神需要是对精神生活和精神产品的需要,如对知识和知识产品,对美和艺术等方面的需要。

人们的物质需要和精神需要不是完全分开的,两者关系密切。精神需要以物质需要为基础,对物质的追求中也包含一定的精神要求,人们对衣物的要求不仅要御寒保暖还要款式新颖漂亮。精神需要也离不开物质,如对知识的追求,一定要以各种物质产品为载体。

三、需要层次理论

美国人本主义心理学的代表人亚伯拉罕·马斯洛于1943年提出了著名的"需要层次理论"。该理论对揭示旅游者的需要提供了很好的理论基础。

该理论指出人类的基本需要有五种,即生理需要、安全需要、社交需要、尊重需要和自我实现需要,按照它们上下间的依赖程度,分为五个层次。(见图5-1)

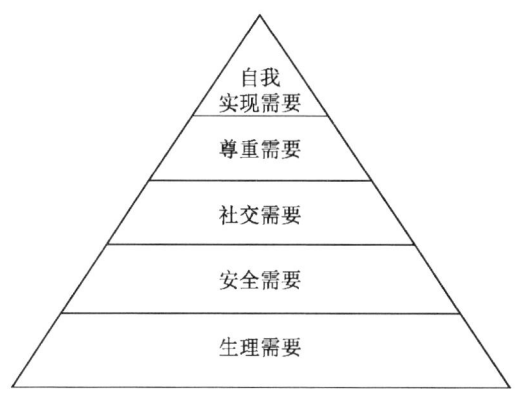

图5-1 马斯洛的需要层次理论

(一)生理需要

生理需要是个人对生存的基本需要,如吃饭、穿衣、住宅、医疗等。这些需要若得不到满足,人就会有生命危险。可见,生理需要是最强烈的、不可避免的最底层

需要,也是推动人们行动的强大动力。当一个人存在多种需要时,例如同时缺乏食物、安全和爱情,总是缺乏食物的饥饿需要占有最大的优势,这说明当一个人被生理需要所控制时,其他一切需要都被推到幕后。

(二)安全需要

安全需要比生理需要高一级,当生理需要得到满足以后就要保障这种需要。包括心理上和物质上的安全保障,如不受盗窃和威胁,预防危险事故,职业有保障,有社会保障和退休金等。安全的需要要求劳动安全、职业安全、生活稳定、希望免于灾难、希望未来有保障等。如2014年马航接连出现飞机事故,对于马来西亚的民航业和旅游业都有较大的负面影响。

 热点透视

中国乘客害怕坐"亚航""马航"

2014年3月马航MH370客机失联,7月马航MH17客机在俄罗斯和乌克兰边境坠毁,12月亚航QZ8501坠毁,这几起民航空难,不仅对马来西亚的民航业和旅游业造成巨大的打击,也影响着旅游者出游的信心。

马航,因MH370航班失联和MH17航班坠毁受到重挫。马航近日发布的最新一个季度财报显示,这家马来西亚国有航空公司遭遇2011年底以来最严重的季度亏损,2014年7—9月的乘客数量同比减少14%,平均每张机票的收益率也大幅减少。在马航客机失联事件后,中青旅、艺龙、同程等中国大型旅游企业就宣布停止与马航合作,而携程等业者虽然并未完全停止与马航合作,但其近期所收到的赴马来西亚的客源人数大跌。"我们不敢讲完全没有赴马来西亚旅游的客人,但失联事件后的确少了大量客源。如今马航又遭遇坠毁事件,虽然这次的坠毁事件并不涉及中国航线,可是航空公司最重要的就是安全性,接连两次事件的发生让马航的品牌安全感大跌,因此预计今后中国游客选择马航的人数会更少。"一位携程内部人员坦言。

亚航的股价在2014年12月29日下挫8.5%。更重要的是,2014年的几起航空事件引发了人们对廉价航空安全性的质疑。而亚洲是廉价航空的新兴市场。对此,多位航空专家发文论证,航行是否安全,主要还在于是否能够严格执行航空规程、管理是否有瑕疵以及天气等原因,而不在于是否属于"廉价"航空公司。马来西亚首都吉隆坡的一些旅游机构说,亚航客机失联后,已经有顾客致电,表示不愿乘坐马航或者亚航的航班。尽管还没有最新的数据统计,亚航在中国的销售肯定会受到一定影响。

分析： 马来西亚航空业接二连三的事故说明马来西亚航空业需要在安全管理方面投入更多资源。从短期来看，客机失事的航空公司要向相关乘客进行财政支持，并积极进行事故调查；从长期来看，这些航空公司需要消除消费者对于航空公司安全性的担忧，挽回其在消费者心中的信心。马航客机失联事件后赴马来西亚旅游的中国客源已经减少 40%～50%，旅游业是非常脆弱的产业，尤其是发生事故后游客的心理会有一段时间的阴影期。在马航客机失联和此次坠毁事件后，游客会因心理阴影而更加排斥坐马航飞机，或连带影响马航其他转机航线和相关旅游目的地。

（三）社交需要

社交需要也叫爱与归属需要。是指个人渴望得到家庭、团体、朋友、同事的关怀爱护理解，是对友情、信任、温暖、爱情的需要。人是社会的一员，需要友谊和群体的归属感，人际交往需要彼此同情、互助和赞许。社交需要比生理和安全需要更细微、更难捉摸。它包括对交往、爱与情感、为一定群体所接纳等方面的需要。人们通过旅游这一象征性的社会行为，希望摆脱刻板的日常生活，在新异有趣的旅游环境中，结识新朋友，谋求某些群体的接纳，获得友谊，甚至爱情。有时人在旅途，小别家人，对激活或修复已经麻木的亲情，也会有极大的帮助。

（四）尊重需要

尊重的需要指受到别人的尊重和具有内在的自尊心的需要。尊重的需要包括自尊心、自信心以及对独立、知识、成就、能力的需要等。尊重的需要很少能够得到完全的满足，但基本的满足就可产生推动力。这种需要一旦成为推动力，将会对人的行为产生持久的作用。在尊重需要的驱动下，旅游者会购买那些昂贵的或非常独特的旅游产品，以标志个人的成功或取得名誉与威望。越是一般人难以承受的旅游行为，就越受具有强烈尊重需要的旅游者的欢迎。如漫游欧陆、探索两极、异国度假、环游世界、征服高山等，这些旅游行为本身就是成就的象征，并且可以使旅游者获得独立感、优越感、自信心，有助于满足个人的尊重需要。

📖 小知识

自尊的重要性

自尊对心理和生理健康，以及对社会互动具有重要意义。1968 年，库珀·史密斯进行了一项关于自尊的重要研究，研究对象是一群年龄在 12～14 岁的美国男生，他发现，那些具有较高自尊的学生在学校里表现活泼，善于表达并能够取得成功,而那些拥有较低自尊的学生野心较小,身体较差。较低水平自尊的学生与较高或正常水平自尊的学生相比,还更有可能经受失眠、头疼和胃疼带来的痛苦。库珀·史密斯因此得出结论,积极自尊是心理和生理健康的重要体现。这个结论后来得到许多其他研究人员的支持。

资料来源:[英]布丽姬特·贾艾斯.社会心理学[M].丁建略,陈玉生,译.哈尔滨:黑龙江科学技术出版社,2008.

(五)自我实现需要

自我实现需要是最高等级的需要,就是人尽其所能去做某事使才能得到充分发挥。满足这种需要就要求完成与自己能力相称的工作,最充分地发挥自己的潜在能力,成为所期望的人物。旅游作为一种极具象征意义的行为,在特定条件下,有助于自我实现需要的满足。一方面,旅游者可以在旅游过程中,开阔视野,获得知识,更加深刻地理解自己生活的世界,提高自己的认识能力、审美能力、沟通能力,丰富自己的情绪情感,使自己更加完美。另一方面,旅游者可以通过旅游行为充分展现个人的风采、魅力、能力、智慧、身份、地位等,追求个人价值和潜力的实现,满足自我实现需要。

人们外出旅游实际上只是生活场所和生活方式的更换,因此人们在生活方面的一切需要在旅游活动中都有体现。运用马斯洛的需要层次理论可以解释旅游者的很多行为表现,有利于我们了解旅游者的基本需求规律。

四、旅游者的需要

旅游需要是旅游者在旅游过程中对旅游产品和服务的需求,是需要的一种特殊形式。旅游需要既有对空气、阳光、水、食物的物质需要,也有对友情、知识、美的精神需要。具体来说旅游者有如下需要:

(一)旅游者的生理需要

旅游者的生理需要是指旅游者在旅游过程中对衣、食、住、行、保健以及人身财物的安全等需要。旅游者的生理需要与人们日常的生理需要并不相同,比如,对服装的要求,旅游者需要穿着舒服方便的休闲衣服和鞋子,便于他们长时间坐车、长距离游玩。而且旅游衣服也要根据旅游活动的内容进行选择,去海边度假时穿着沙滩装,爬山时穿登山鞋,滑雪时穿羽绒服等。

"食"是旅游活动的一项重要内容,既是维持身体正常所需要的能量,美食也是旅游中不可少的环节。品尝旅游地的风味、特色食物,让旅游者在满足了美景的视觉享受之后,又能充分满足味觉和嗅觉的需要,必定会加深旅游者的旅游印象。广州的早茶、成都的火锅、海南的海鲜和热带水果等,都已经成为旅游者旅游项目中的重要内容。此外,旅游者还要求食物干净卫生,质量有保证等。

住得舒适,同样是旅游者必需的。干净、整洁、舒适是旅游者对客房的基本要求,这可以让他们得到很好的休息,能以饱满的精力投入到第二天的旅游活动中。另外,富有地方特色的住宿,可以让旅游者体验到当地的风土人情,比如游览内蒙古大草原,住进蒙古包,体验当地牧民的生活,会让旅游者兴奋、惊奇、记忆深刻。

阳光、水源充足,空气清新,负离子高的环境,比如海边、温泉、森林等旅游地成为旅游者保健、疗养的理想选择。春节前后,海南成为旅游热点,因为那里适宜的温度,良好的空气条件,明媚的阳光,湛蓝的海水,细软的沙滩,适合旅游者休养、度假,而海南也致力于要把自己打造成国际休闲度假岛。

图5-2　海南蜈支洲岛

旅游者的安全需要体现在旅游过程的各个方面,一方面希望保障他们的人身安全,在旅途中安全顺利,不发生交通意外,在游览活动中,不希望受伤、生病;另一方面希望保障他们财产的安全,不被抢劫、盗窃等。

最新动态

中美商务旅游签证延长到十年

据新华社电,美国总统奥巴马在2014年APEC工商领导人峰会上发表演讲时透露,美中两国同意新的签证安排,学生签证有效期将由目前的一年延长到五年,商务和旅游签证将延长到十年。奥巴马说,这一重大突破对那些经常往返出差的人有好处。去年180万中国人访美,给美国带来210亿美元的收入,创造十多个就业机会。他表示,这符合双方利益,双方经济都会受益。

美国尚且如此,其他国家更不必说。在此前后,多个国家宣布放宽对中国的签证政策,其中,近90个国家与中国缔结互免签证协定,39个国家与中国签订了53个简化签证手续协定,37个国家和地区单方面给予中国公民落地签证待遇,8个国家和地区单方面允许中国公民免签入境。

(二)旅游者的社会需要

旅游者的社会需要包括交往、知识、审美、道德等方面。旅游者进行旅游活动时需要进行社会交往,通过旅游结交新朋友,得到群体接纳、爱和友情,从而满足人们的归属感的需要。比如到中国来旅游的海外旅游者中,有一半以上是港澳台同胞、定居海外的华侨、外籍华人。他们来中国大陆大多具有怀旧的心理,或为缅怀先辈故土而旧地重游、探亲访友,或为重温历史等。有的旅游者在旅游过程中需要结交朋友,一同分享优美的旅游景观;为了更好地了解旅游地,旅游者需要同当地居民进行交流,所以旅游地居民热情好客,也是吸引旅游者的一个因素。

追新求异是旅游者最重要的心理需要,在整个旅游过程中,旅游者会主动、积极地去认识各种新鲜事物,增长见识,开阔视野。他们希望参观当地的名胜古迹、博物馆,了解当地的政治制度、风土人情等,满足他们认识新事物的需要。

也有一些旅游者希望外出旅游能够满足他们在信仰和道德方面的需要。有些宗教信仰者在旅游期间,到宗教场所参加宗教活动,如做礼拜、拜佛、法会等。参观红色景点可以激发旅游者的爱国热情和他们对为国牺牲烈士的缅怀之情,如参观北京的圆明园,南京的侵华日军南京大屠杀遇难同胞纪念馆,重庆的白公馆等。这些都可以满足信仰和道德方面的需要。

旅游者对美的需要表现在游览的整个过程中,希望欣赏美的风景、美的艺术作品、美的服饰、美的食物、美的服务等,追求丰富多彩的美的体验,获得美的享受。

 最新动态

魏小安:休闲的标准是创造幸福创造无限

什么是休闲?休闲有没有标准?在专家眼里,休闲作为一个产业,应该有一个服务和管理的标准。同时,休闲又是个性化极强的领域,标准化与个性化如何协调呢?

全国休闲标准化技术委员会副主任魏小安提出:标准保底线,个性求高线,创造是无限。

休闲标准化势在必行

"近年来,中国的休闲需求开始爆发式地增长,先后产生了以成都、杭州、大连为代表的一批最佳旅游城市,也产生了以三亚为代表的国际休闲度假区,传统旅游城市正向休闲城市升级。"魏小安介绍说,随着国民休闲需求普遍化,国务院发布了《国民旅游休闲纲要》,其中专门提出,"制定旅游休闲服务规范和质量标准",而人民大众对休闲生活质量和产业标准化的要求也逐步提升。休闲标准化是休闲品牌化的前提,品牌和项目的打造,需要用一系列标准来指导、规范和评估。

魏小安认为,促进中国休闲事业的健康有序发展,必须制定相应的标准对其进行规范与引导。2009年国家标准化管理委员会正式批准成立了全国休闲标准化技术委员会。全国休闲标委会主要致力于休闲服务领域标准的研制和推广。目前已经批准发布了《城市公共休闲服务与管理导则》《城市中央休闲区服务质量规范》《度假社区服务质量规范》等12项国家标准,农业遗产、森林游憩活动、国民休闲满意度等一大批标准也正在起草过程中。"预计到2015年末,可以出台20个休闲领域的国家标准,这在国际上也是领先的。"

休闲的标准是创造幸福

现代社会的观念是,工作就是为了休闲。近几年,幸福成为主旋律,各地都在研究关注如何提高幸福指数,广东直接提出要建设幸福广东。"归纳起来,种植业发展保障生存,制造业发展缓解短缺,服务业发展实现便利,休闲业发展提升幸福,所以休闲产业是一个创造幸福的产业。"

我们现在还处在工业化发展的中期,但是不能因为处在工业化发展中期,就可以忽略老百姓的实际感受。幸福是一种感受。从根本上来讲,休闲就是为了谋幸福。

休闲是实实在在的生活追求。十几年以前,成都的农民描述小康生活,就是"吃有肉,住有楼,还有余钱去旅游",他们清楚小康生活就这三条。一个德国哲学家在1948年写了一本书,叫作《休闲:文化的基础》,他探究世界历史文化的发展,其中发现了一个重要的现象,即如果没有休闲,没有休闲阶层,就没有文化的发展。

标准是休闲发展的底线

提到标准化建设,这其中不可忽视的一个问题是,在推行标准化过程中又提倡个性化,这两者之间怎么协调?很多人提到休闲是自由自在的事情,弄一套标准在规定什么?休闲和标准是完全不搭界的,怎么能把这两个混搭到一起?确实,提的问题是有道理的,但是反过来说,把底线规定清楚了,就是海阔凭鱼跃,天高任鸟飞,这都是观念和认识上的问题,我的基本看法就是标准保底线,个性求高线,创造是无限。现在一般都把标准当作高限,比如说饭店的五星级标准,景区的5A级标准,实际上标准就是保底线,正是因为保底线,标准化才成立。可是如果只讲个性化,没有标准化,个性化也很难立得住,因为没有标准化,就缺乏通用性、适用性和互换性、先进性。

标准的一个根本目的就是保护消费者权益,所以一个好的标准一定要以这个作为落脚点,可以说标准的出发点是企业的需求,标准的落脚点一定是保护消费者权益。把这个处理好了,这样的标准就是一个好标准,能够成为一个活标准。

资料来源:邢丽涛.幸福,是休闲的终极目标——访全国休闲标准化技术委员会副主任魏小安[N].中国旅游报,2015-01-19.

任务二 探究旅游动机

情境设计

在游览武汉大学时,高中生小徐除了欣赏风景外,还特意去看了图书馆、各个学院,并向校园的同学咨询专业情况。刚刚工作的小吴之前已经了解专业情况,直接到研究生院准备找相关的老师详细咨询。武大毕业生孙总有几个大学同学毕业后留校工作,孙总与同学相约在校园,一起在曾经学习生活过的教学楼、宿舍前合唱、回想当年的情景。

根据以上情境,完成下列任务:

1.上述三位游客都有什么样的旅游动机?
2.不同的动机怎样影响他们的旅游行为?

任务分析

三位游客有不同的旅游需要,这些需要因为条件的具备而转化为旅游动机,基于不同需要而产生的旅游动机也是不同的,不同的旅游动机使他们在相同的景点表现出不同的行为。

知识讲解

旅游行为是在旅游动机的支配和驱动下产生的。人们一旦产生旅游动机,动机就成为他们旅游活动的推动力。

一、动机及其功能

(一)什么是动机

动机是推动个体采取行为的内部驱动力,是内在需要与外在刺激共同作用的结果。如果说需要是个体活动的基本动力和源泉,那么动机就是需要的具体表现或内在动力体现。事实上,任何一个处于正常状态下的个体,其行为都是由一定的动机引起的。

(二)动机的功能

1. 激活功能

人们在潜意识中有时会出现外出旅游的需要、欲望,但在多数情况下不会轻易产生具体的旅游行为。在一定条件下,当这些需要、欲望达到一定的强度时,就会产生旅游动机。旅游动机才是引起旅游行为的根本原因和动力。

2. 指向功能

强烈的旅游动机总是与明确的旅游目标相并存。旅游动机表明了人们想去旅游的欲望、倾向。强烈的旅游动机会进一步转化为旅游偏好,即对具体的旅游目标产生肯定的、积极的态度,为旅游决策做好心理上的准备。

3. 强化功能

旅游动机对旅游行为的过程起维持和调整作用。旅游动机自其产生之时起,就贯穿于旅游活动的全过程,只要动机不消失,活动就不会停止。它是一种无形的力量,维持着旅游活动的进行,调整着活动的方向。

二、动机的分类

(一)按照动机的性质分类,可以分为生理性动机和心理性动机

生理性动机源于生理上的需要。如对食物、水的需要,解除疲劳和痛苦的需要等。心理性动机源于人的社会生活环境所带来的心理性需要。如对爱和归属、尊重、认可等的需要都能导致心理性动机的产生。在旅游活动中,人们的心理性动机比生理性动机更为强烈。

(二)按照动机的作用分类,可以分为主导动机和辅助动机

主导动机是诸动机中最为强烈、最为稳定的动机,在各种动机中居于支配地位,它决定人们的旅游目的地、旅行方式等内容。辅助动机对主导动机起补充作用。一般来说,一次活动只有一个主导动机,其他的都是辅助动机。

三、旅游动机的类型

旅游动机是指推动人们进行旅游活动,并使人处于某种积极状态以达到一定

目标的动力。旅游动机的产生和人类其他行为动机一样,都来自于人的需要。如为了扩大见闻的需要游览名胜古迹。由于人的需要具有多样性和能动性的特点,人的旅游动机也是千差万别的,反映着人们的不同旅游需要。

根据旅游业发展的情况,结合当今旅游者的活动表现和种种旅游行为,可将人们的旅游动机分为以下几种:

(一)健康休闲的动机

现在社会繁忙的生活、紧张的节奏,使得人们对于身心健康更加重视。为了暂时摆脱单调紧张的工作和烦琐的家庭事务,通过旅游消除身体的疲劳和心理的紧张感、枯燥感;通过到某地休闲、休养、治疗以恢复和增进健康;通过旅游活动或到某地参加体育活动锻炼身体等,都属于这类旅游动机。如在优美的自然风光中,享受阳光浴、温泉浴、海水浴,在各种各样的娱乐活动中放松身心,以恢复和保持自己生理和心理的健康。

 **热点透视**

从慢生活到慢旅行是一种幸福

著名的慢生活家卡尔·霍诺曾经说过:"慢生活不是支持懒惰,放慢速度不是拖延时间,而是让人们在生活中找到平衡。"可见,慢生活是一种健康的生活方式,只有在工作和生活中做到张弛有度、劳逸结合才能提升幸福感。慢旅行是一种幸福,在旅途中放慢脚步,随心随性地走走停停,用轻松的心情去感受自然,用自己的方式去享受快乐。

从慢生活到慢旅行其实都是一种难得的心境。我渴望那样一种生活,也向往那样一场旅行。如果有朋友问我慢旅行的第一站该是哪里,我一定会推荐那些虽然历经了千年却古风犹存的江南小镇,其古朴的风貌和数百年来演绎的故事令人神往。

当然,慢旅行也并非是水乡古镇的专属。充满各种文艺气息的中国台湾、有着温泉之都美誉的日本以及富有传奇色彩的泰国也一定让你不虚此行。

分析: 随着旅游的快速发展,旅游者越来越成熟,已经不满足于走马观花式的旅游形式,他们需要在特定的时间去一个风景优美的地方放松自己,休整疲惫的身心,寻找内心的幸福,之后以充足的信心和精力重新投入到紧张的工作和生活中。有张有弛,才符合健康的要求,才会有高品质的生活。

资料来源:章佳倩.从慢生活到慢旅行[N].北京晚报,2014-09-16.

图 5-3　日本

(二) 探索求知的动机

这是由人们认识和了解自己生活环境和知识范围以外的事物的需要而产生的动机。具有这种动机的人,由于对获得奇特的心理感受和认识新异事物有强烈的需求,所以即使旅游活动具有一定程度的冒险性,也不会成为他们旅游的障碍,甚至还会成为增强这种动机的因素。这种动机的特点,主要是要求旅游对象和旅游活动具有新奇性、知识性和一定程度的探险性。如了解其他国家或民族的文化传统、音乐、艺术、历史古迹等;了解不同国家或民族的生活方式、民族习俗、风土人情等;欣赏奇异美丽的名山大川、风光景物等。

(三) 社会交往的动机

人们为探亲访友、结识新朋友、寻根访祖、公务活动而进行的旅游,就是社会交往的动机的表现。个人、团体的访问,以及为参加各种文化艺术交流活动而进行的旅游,都可以归为受社会交往动机驱使的旅游活动。具有这种动机的旅游者,在旅游活动中常常会表现出比较明显的与人交往的愿望。

(四) 宗教信仰的动机

为了个人的宗教信仰,参与宗教活动、从事宗教考察、观摩宗教仪式而外出旅游都属于这类动机。目前,世界上信仰宗教的人很多,许多教徒会到异地参加宗教活动,如朝拜宗教圣地、参加庆典活动等。如世界上最为著名的伊斯兰教教徒到麦加朝圣,基督教教徒到耶路撒冷朝拜,等等,都是典型的例子。另外,民间还有许多祭祀活动和宗教庆典,会吸引很多教徒或非教徒前去参观,世界上的许多名寺古刹吸引了不少旅游者前去游览。

(五) 纪念性与象征性动机

旅游可以作为某种重要事件的纪念,也可以象征某种地位、声望和能力,有些人出于这种动机而旅游,以引起别人的羡慕,提高在人们心目中的社会地位与声望。如新婚旅游,如到需要相当多的费用或满足其他社会条件才能去的地方旅游,或享用某种象征特殊经历和优越社会地位的旅游产品,或出国旅游,住五星酒店等。

事实上,很多旅游者并非由于某一单纯动机而出游,而是有两种或多种混合动机,其中一种动机起主导作用,如华侨同胞来大陆旅游,主导动机是社会交往动机。

 最新动态

我国旅游需求的新常态

2015年2月发布的《2014—2015年中国旅游发展分析与预测》指出,2014年,在中国进入经济增长速度换挡期、结构调整阵痛期、前期刺激政策消化期三期叠加的背景下,中国经济已进入"新常态"。在此背景下,中国旅游业也呈现出一些新的特征与趋势。旅游需求方面,消费分层明显加速。伴随着国民旅游普遍化、多元化的发展,2014年旅游消费亮点众多。传统的景区景点观光、历史文化旅游等依然备受欢迎,中医药旅游、养生保健游、体育健身游、户外探险游、工业遗产游、会展奖励旅游、研学旅行与修学旅游等也蓬勃发展,自驾车游、房车游、邮轮游艇旅游、低空飞行旅游等更是热闹非凡。

资料来源:齐征.中国旅游发展呈现八个新常态[N].中国青年报,2015-02-26.有删改

四、旅游动机产生的条件

从产生旅游动机到付诸实际的旅游行为是一个比较复杂的心理过程。旅游动机的产生是个体主观需要和客观事物刺激共同作用的结果。也就是说,旅游动机的产生必须具备两个方面的条件。

(一)主观条件

主观条件包括个体的个性特点、性别、年龄、职业和文化修养等。从个性特点来看,性格内向的人最强烈的旅游动机是休息与放松。在行为表现上,这一类型的人喜安逸,好轻松,活动量小,喜欢熟悉的气氛和活动。性格外向的人喜新奇,好冒险,活动量大,不愿随大流,喜欢与不同文化背景的人相处,喜欢到偏僻的、不为人知的旅游地体验全新的经历。从性别来看,男人和女人由于性别的差异,以及在家庭和社会两方面所处的地位和作用不同,旅游动机上也有很大差异。从年龄上看,不同年龄的人所处的生活环境不同,所扮演的生活角色不同,因而在心理和行为上

也很多区别。

(二) 客观条件

客观条件是指一定的旅游条件和旅游刺激,包括旅游者的闲暇时间,可自由支配的收入,各种自然、人文景观的吸引,旅游饭店、旅游交通部门所提供的旅游服务,旅游商业环境,以及社会、经济、政治环境等;其中,对旅游动机产生最直接影响的因素有下面两个。

1. 经济因素

这是产生旅游动机的重要条件。经济条件的好坏往往能直接决定旅游者是否有出游动机以及存在何种出游动机。经济条件的改善会逐步强化人们的旅游动机,并丰富旅游动机的类型。如经济条件尚可时,出游动机多限于观光、休闲;经济条件较好时,则动机更加广泛,度假、保健、探险等层出不穷。

2. 时间因素

时间对于旅游消费行为的影响往往大于金钱,其缘由是每个人所支配的时间是固定不变的,而旅游行为是发生在一定的闲暇时间内的。没有时间人们不可能去旅游,同时时间的压力对人们旅游消费行为也有一定的影响。

只有这些条件具备了,人们的潜在的旅游需要才能转化为旅游动机,人们有了旅游动机才会有旅游决策,采取旅游行为,并把这些行为指向一定的旅游目标,并进一步保持和发展旅游行为使之达到既定目标。

任务三　接受气质

情境设计

随着张伟带团经验的丰富,他越来越喜欢这项工作。经理决定给张伟更多的锻炼机会,他派张伟带旅游团去台湾。一路很顺利,第二天,当张伟带游客参观台北故宫博物院的时候,旅游巴士刚到博物院门口,还没等车停稳,游客小王就着急地跑到车门口要下车参观,游客小刘也赶紧拎包站到了过道上,游客小杨则不紧不慢地开始收拾随身物品等候下车,但是游客小厉则把自己蜷到座位上,就是不愿下车,认为北京故宫都逛过了,这台北故宫博物院不看也罢!

根据以上情境,完成下列任务:

1. 上述情境中几个游客的表现说明了什么问题?
2. 你怎么看待这些不同的行为表现?

任务分析

由于人们具有不同的神经活动类型,这就使人们拥有不同的气质特点。几个游客的不同行为表现,正是他们不同气质类型的外在表现。了解游客的不同气质特点,才能理解他们的行为,更好地为他们服务。

知识讲解

一、什么是气质

气质是人的心理活动的动力特征,它是个性的组成部分之一。心理活动的动力特征主要指心理过程的强度、速度、稳定性和指向性等方面的特点。日常生活中所说的"秉性、性情、脾气"等都是气质的通俗说法。

特别提示

日常生活中,人们常把气质视为风度,其实气质是指不以活动目的和内容为转移的典型、稳定的心理活动的动力特征。

气质是人的高级神经活动类型在行为行动中的一种表现。它主要体现在情感活动的速度、强度、变化幅度等方面,也通过人的言语和行动表现出来。比如有的人情感表现强烈,难过起来痛不欲生,悲伤起来撕心裂肺,高兴起来欢呼雀跃,幸福起来欣喜若狂;有的人情感表面平稳,内心却激荡不安;有的人情感变化幅度大,刚刚满面笑容,转眼就怒不可遏;有的人情感变化幅度小,积极和消极之间没有一个明显的过渡。不同气质类型的人在言语和行为的表现方面也有差异:有的人说话粗声大气,有的人说话则柔声细语;有的人行动敏捷灵活,有的人行动迟缓笨拙;有的人行为粗犷有力,有的人行为斯文轻盈。这些差异很大的特点,都是人们不同气质特征的表现。

二、气质的特点

(一)天赋性

人的气质类型主要是由先天的高级神经活动类型所决定的,因而具有天赋性。心理学研究表明:人生下来就表现出某些气质特征。有些婴儿安静、平稳、害怕陌

生人;有些婴儿好动、喜吵闹、不害怕陌生人。

(二)稳定性与可塑性

在个性结构中,由于更多受先天神经系统特性的影响,气质比起能力、性格、兴趣、需要,更具有稳定性。托马斯等人发现:"在许多儿童中,这些气质的原始特征往往在他们随后20多年的发展阶段中保持着。"在一般情况下,一个人一生当中很难改变自己的气质类型。俗话说"江山易改,本性难移",指的就是气质具有不易改变的稳定性特点。

但是,尽管气质比较稳定,它并不是一成不变的。气质在后天的生活和教育条件的影响下也会发生着缓慢的变化或掩蔽,以适应社会实践的要求。可见,气质既有稳定的一面,又有可塑造的一面,是稳定性和可塑性的统一。

三、气质的类型及其特点

按照古希腊医生希波克拉底最早提出的气质的体液说,现代的气质学说将气质一般划分为胆汁质、多血质、黏液质和抑郁质四种类型。

(一)胆汁质及其主要特点

胆汁质的人,具有很高的兴奋性,心理活动能快速爆发。特别是情绪方面,无论高兴还是忧愁都表现得非常强烈,并具有突发、猛烈的特点。所以,这类人脾气暴躁冲动,好挑衅,态度直率,精力旺盛,行动表现反应迅速,行为果断。胆汁质人群最主要的特点是:反应迅速但准确性不足,性情直率但易粗暴,为人热情但易冲动。

(二)多血质及其主要特点

多血质的人,表情富有、生动,情绪容易产生也容易变化。此类人思维反应敏捷灵活,但理解问题往往肤浅;善于交往,容易跟人接近;活泼好动,爱好广泛,但兴趣和注意容易转移,工作热情富有效率。多血质人群最主要的特点是:灵活敏捷但持久性差,情感丰富但不深刻,接受能力强但浅尝辄止。

(三)黏液质及其主要特点

黏液质的人,安静平和,很少有情绪波动,很难看到他们放声大笑或大发脾气。这类人面部表情不生动,行为举止镇定而缓慢;平时沉默寡言,较少与人交谈、交往。他们思维的灵活性低,但考虑问题较细,不容易改变旧习惯而适应新环境。黏液质人群最主要的特点是:反应缓慢但具有稳定性,沉着冷静但缺乏生气,踏实稳重但刻板冷漠。

(四)抑郁质及其主要特点

抑郁质的人,具有高度的敏感性,情绪容易多愁善感。他们观察仔细,感受性高,能觉察和体验到一般人觉察不出来的细节;容易疲劳,不能经受强刺激;很少在集体活动中表现自己,尽量摆脱出头露面工作;外表沉稳,但不喜欢交际,显得孤僻;反应不够灵活,动作迟缓而显无力。抑郁质人群最主要的特点是:外表温柔谦和但懦弱缄默,行动踏实谨慎但孤僻迟缓,情感体验深刻但敏感多疑。

在现实生活中,属于上述四种气质类型的典型者人数较少,大多数人属于几种气质类型特点兼有的所谓混合型或中间型。

 **特别提示**

气质影响人们活动的各个方面,使人们的心理活动具有独特的个人色彩。气质是描绘一个人在获取其目标时如何行动的"风格和节奏",但气质不能确定人的社会价值,也不直接具有社会道德评价含义。

小知识

气质的相关学说

1.气质的体液学说

公元前5世纪,古希腊著名医生希波克拉底最早提出气质的概念。他认为人体内有血液、黏液、黄胆汁和黑胆汁四种体液,它们分别产生于人的心脏、脑、肝和胃。人体的四种体液混合比例不同,就形成了不同气质。当血液占优势时,人的气质就属于多血质,黏液占优势的属于黏液质,黄胆汁占优势的属于胆汁质,黑胆汁占优势的属于抑郁质。虽然希波克拉底用体液来解释气质成因缺乏科学的依据,但他对四种典型气质的特点的描述,却能与生活中的事实相吻合,所以心理学上一直沿用到今天。

2.气质的高级神经活动类型学说

近代俄国的生理学家巴洛夫研究人的高级神经活动,发现神经活动在活动过程中有三种基本特性,即兴奋和抑制具有强度、平衡性和灵活性三种特性。根据这三种特性的不同结合,可以把神经活动类型分为四种类型,即兴奋型、活泼型、安静型、抑郁型,具有这四种类型的人所表现的气质特征,正好和希波克拉底所划分的四类气质表现特征相吻合。所以人们认为,高级神经活动类型就是气质的生理基础。

表 5-1　高级神经活动类型与气质类型对照表

高级神经活动过程	高级神经活动类型	气质类型
强、不平衡	兴奋型(不可遏制型)	胆汁质
强、平衡、灵活性高	活泼型	多血质
强、平衡、灵活性低	安静型	黏液质
弱型	抑郁型	抑郁质

四、不同气质类型旅游者的主要表现及应对服务策略

旅游者的不同气质，在整个旅游活动的各阶段都会通过他们的言行举止表现出来。旅游过程中，旅游从业人员可以根据旅游者的不同气质类型提供有针对性的服务。

(一)胆汁质型

1.主要表现

这类旅游者热情果断，精力充沛，自信心较强，敏捷多动，行为草率，抑制能力差，脾气急躁，容易冲动。他们在游览中常被导游生动的讲解、有趣的故事所吸引，并不由自主地发出赞叹的声音打断别人的讲解，有时又会不假思索地提出一些问题去打断别人的讲话。他们用餐时他们不愿久等，喝酒多充好汉；还喜欢挑毛病、提意见，常会对客房设施、餐厅口味、质量提出意见。购物时他们属于冲动型的顾客，买东西不会过多挑拣、过多考虑。他们在办事的时候，往往比其他旅客显得心急，通常显得不耐烦。他们往往显得很粗心，经常遗失东西。

2.服务策略

在接待服务工作中，应当根据胆汁质旅游者的特点做到以下几点：

(1)语言简洁明了，动作快速准确。在为他们办事时应当尽可能迅速，而且要提醒他们不要遗忘物品。

(2)避免与他们发生冲突。当出现矛盾时，应当避其锋芒，注意不要激怒他们，不要计较他们冲动的言语，用宽容、理解的心去对待他们过激的言语和态度。

热点透视

不满店家服务态度差　游客怒点 37 碗面只看不吃

2015 年 3 月的一天。南昌的李先生和朋友上午九点出发到扬州旅游，到扬州

时已经下午两点半了,他们在酒店周围找了一家写着"百年老店"字样的扬州小吃店。他们点了两碗馄饨和三碗面条,结果面条全上来了,馄饨只上来一碗。在等了好久之后,一个服务员告诉他们要的馄饨没有了。一听这话,等着馄饨吃的朋友就急了,当时朋友就问:"我等了那么久你才跟我说没有了,那现在怎么办?"最后,服务员说要么退单,要么换别的。朋友说那么就退了吧!没想到服务员把单子拿走后过了一会儿又过来说:"你自己去吧台处理吧!"这句话点燃了李先生朋友的怒火。

后来,李先生的朋友在一帮人的劝说下去吧台处理退单,吧台的服务员态度不是很好。走到酒店楼下时,李先生的朋友又回去了,一进去就说要30碗雪菜肉丝面。服务员说没有了,李先生的朋友问他有什么,服务员说有三鲜全家福面,李先生的朋友就点了30碗。30碗三鲜全家福面下单刚刚成功,一位服务员过来说还能做7碗雪菜肉丝面,于是,李先生的朋友又点了7碗。

分析:该情况的出现是由于服务员本身素质不高,服务不文明、不规范。从游客的角度来说,李先生的这位朋友具有胆汁质的特点,脾气急躁,容易冲动,被服务员的态度所激怒,进而做出了极端的行为。对服务员来说,提高自身素质,热情、周到、及时服务才能避免这种现象的发生。

(二)多血质型

1.主要表现

这类旅游者活泼好动,开朗大方,喜欢与人交往,反应迅速,适应能力强,但他们的注意力不集中,兴趣容易转移,乐观而浮躁。他们常主动与服务人员攀谈,与其他游客很快熟悉,并交上朋友;他们非常乐观,整天笑声不绝,经常处于愉快的心境之中;他们对新的景点、服务项目都感兴趣,喜欢参与多变化、刺激性强、花样多的活动,但也会很快失去兴趣。

2.服务策略

在接待服务工作中,应当根据多血质旅游者的特点做到以下几点:

(1)诚恳地对待游客的热情。礼貌地回答他们的提问,不能不理睬他们,以满足他们爱交际、爱讲话的特点。

(2)服务速度要快,避免呆板啰唆,主动向他们介绍本地丰富多彩的娱乐活动和服务项目,满足他们喜欢活动的特点。

(3)遇到他们情感多变时,热情耐心地做好解释工作。由于他们灵活多变,做事经常改变主意,在商场买东西容易退货,碰到这种情况应做好解释工作。

(三)黏液质型

1. 主要表现

这类旅游者具有稳定的情绪特征,情绪稳重、行动缓慢,喜欢安静,沉默寡言,不苟言笑,情感不易外露,注意力集中,自制力强,不易受外界环境因素的影响。他们平时表现安静,喜欢清静的环境。他们很少主动与人交谈,交谈起来很少滔滔不绝;他们很少发脾气,自制能力很强,做事总是不慌不忙,力求稳妥,不做没有把握的事情;生活有固定的规律,很少打乱;他们反应慢,在听导游讲解或听介绍时,总是希望别人讲话慢一些或多重复几次;他们的注意力稳定、不易转移,对新环境不容易适应,但一旦适应了又非常留恋,经常有"怀旧"的情绪出现。

2. 服务策略

在接待服务工作中,应当根据黏液质旅游者的特点做到以下几点:

(1)在安排住房时尽量选一些较为僻静的环境,不要安排靠近电梯的房间或附近有很多年轻人及小孩吵闹的房间,以满足他们爱清静的特点。

(2)交代事情时,要直截了当,语速放慢,不要滔滔不绝。

(3)凡事不要过多催促,也不要帮助参谋,让他们自己去思考。如当他们选购商品时,应当允许他们作时间稍长的比较、考虑,尊重他们处事谨慎、深思熟虑的特点。

(四)抑郁质型

1. 主要表现

这类旅游者沉默寡言,性情孤僻,不爱与人交往,行动迟缓、谨慎。他们感情细腻脆弱,极少外露,但内心体验深刻而强烈。他们自尊心十分强,很敏感,好猜疑,想象力丰富,善于观察到别人不注意的细节和微妙变化。他们讲话慢,有时会显得很啰唆;他们不愿意同别人打交道,很少到热闹的场所去;他们情感体验深刻,别人在交谈时无意中看他一眼或指他一下,他就可能会认为别人在议论他。他们的心境会因为很小的事情而改变,很多时候是郁郁寡欢的。

2. 服务策略

在接待服务工作中,应当根据抑郁质旅游者的特点做到以下几点:

(1)说话态度温和,语意明白,无关紧要的事不说,不要与他们开玩笑。不要当面窃窃私语,以免引起猜疑。

(2)遇事多与他们商量,讲清理由,取得谅解。对他们提的要求,哪怕不合理也要耐心听完,诚恳解释。

(3)安排住房时要为他们选择清静而不冷僻的房间,便于随时关照但不打扰他们。

任务四　关注性格

情境设计

在台湾旅游的第三天,张伟带领游客游览阿里山景区。由于地接导游的失误,记错了阿里山小火车上下车的时刻表,导致全体游客要徒步上山参观游览。当张伟说明这一情况,并提出给大家提高晚餐标准的补偿后,大部分游客都表示理解,但游客小王却坚决不同意这样的解决方案,要求退回相应小火车费用并补偿旅游的时间。形势一时僵持了下来。

根据以上情境,完成下列任务:
1.游客小王的表现说明了什么问题?
2.如果你是导游,你怎么处理?

任务分析

面对同样的情况,每个人的表现反应都不尽相同,这完全取决于人们在后天社会环境中逐渐形成的价值观、人生观和世界观。大部分游客都具有包容、理解、大局观这样的特点,而游客小王显然更自我、更苛刻。导游不能要求每个游客都具有优良的性格品质,如何处理这样的棘手问题,就需要考验导游的智慧了。

知识讲解

一、什么是性格

性格是人在对现实稳定的态度和习惯化了的行为方式中所表现出来的个性心理特征。性格在个性心理特征的组成部分中具有核心意义。

人的性格并不是一朝一夕形成的,但一经形成就比较稳定,并且贯穿于他的全部行动中。个体一时性的偶然表现不能被视作他的性格特征,只有经常的、习惯性的表现才能代表他的性格特征。比如,一个人经常表现得很勇敢,偶尔表现出懦弱,那么不能认为他具有懦弱的性格特征,他的性格特征是勇敢。又如,一个人在某种特殊的情况下,一反机敏的常态,表现得呆板,那么也不能认为呆板是他的性格特征,他的性格特征是机敏。

特别提示

性格是在先天素质的基础上,通过后天的家庭、学校和社会环境的影响,经过儿童自己的实践活动积极主动地逐渐形成的。

性格是在现实生活中形成的,反映着个体的基本生活倾向并表现在该个体所特有的行为方式上。中国有句古话"积行成习,积习成性,积性成命"。性格表现了一个人的品德,并受人的价值观、人生观、世界观的影响,如有人刚正不阿,有人奸诈虚伪;有人干净整洁,有人懒惰肮脏;有人独立性强,有人依赖性强等。另外,勇敢、懦弱、情绪稳定或波动大,思维严谨或草率等,都是关于性格的描述。

小知识

表5-2 父母的教养态度对子女性格的影响

父母的态度与方式	子女的性格
支配型	依赖性,服从,消极,缺乏独立性
溺爱型	任性,骄傲,利己主义,缺乏独立精神,情绪不稳定
过于保护型	缺乏社会性,任性,依赖,被动,胆怯,深思,沉默的,亲切的
过于严厉型(经常打骂)	顽固,冷酷,残忍,独立的;或怯懦的,缺乏自信心、自尊心,盲从,不诚实
民主型	独立的,协作的,社交的,亲切的,天真,有毅力和创造精神,直爽,大胆,机灵
忽视型	妒忌,情绪不安,创造力差,甚至有厌世轻生的情绪
父母意见分歧较大型	易生气,警惕性高;或两面讨好,好说谎,投机取巧

二、性格与气质的关系

性格和气质都是人的个性心理特征,它们的关系十分密切。性格和气质既有区别又紧密联系。

气质是个体心理活动的动力特征,与性格相比,气质受先天因素影响较大,并且变化比较缓慢;性格主要是在后天形成的,是在先天神经类型特点与生活经验影响下神经系统所形成的暂时的神经联系,具有社会性,变化比较容易。气质是行为的动力特征,与行为的内容无关,因此气质无好坏善恶之分;性格涉及行为的内容,表现个体与社会的关系,因而有好坏善恶之分。

性格和气质相互渗透、彼此制约。孩子早期表现出来的气质特征会影响父母或养育人对待孩子的行为方式,从而影响孩子性格的形成。气质按照自己的动力特点,影响性格的表现形式,使性格"涂上"一种独特的色彩。性格可以在一定程度上掩盖或改造气质,使之符合社会实践的要求。

生活中,具有不同气质类型的人可以形成同样的性格特征;具有同一气质类型的人也可以形成不同的性格特征。

三、旅游者性格的结构特征分析

一般来说,性格的结构特征可以划分为以下四个方面:

(一)性格的态度特征

性格的态度特征,是指个体在对现实生活各个方面的态度中表现出来的一般特征。对旅游者来说,表现在其对社会、集体和他人的态度,如善于交际或行为孤僻,热爱集体或自私自利,礼貌待人或简单粗暴,富有同情心或冷酷无情等;也表现在他们对工作和学习的态度,如勤劳或懒惰,认真或马虎,富有创造性或墨守成规等;还表现在他们对自己的态度,如自信或自卑,严于律己或宽以待人等。

小知识

简约、自然、幸福,学北欧人一样生活

放眼望去,北欧国家没有高楼大厦,人们穿着朴素,开着旧车,吃着简单的食物,每天晚上7点以后街上就静悄悄的,没有灯红酒绿的夜生活,也没有超级奢华的消费刺激着人的神经。生活在这种地方的人们,幸福从哪里来?

北欧人经常挂在嘴边的一个词就是"生活品质",瑞典有句老话:钱是可以储存的,而时间是不能储存的,你怎么花时间,决定了你一生的生活质量。被房子、车子、票子充满的人生,和被孩子、妻子、园子充满的人生,北欧人选择后者,因为他们要的是品质,而不是物质。

简约——降低物质的欲望,回归宁静的心灵

北欧苛刻的天然环境,使节约的习惯成了必需:饭不能不吃,但不必太好;钱不能没有,但不必太多。北欧人的简约传统随处可见,穿衣打扮,不论贵贱,但求合适,符合自己的气质,凸显自我个性。

北欧国家人少地多,但道路却明显比德国要窄。在城市里,直道很少,大多是小巷。当地人开的私家车也都以小为特征,很多人则干脆骑自行车上下班,环保对他们不仅是一种时尚,更是一种高尚。

高效——工作是为了更好的生活

一天到晚无所事事,或者朝九晚五像拧紧的发条成为上下班飞人,这两种生活状态都是北欧人无法忍受的。他们的工作相当轻松,空余的时间,足够再打一份工。但他们是绝不会这么做的,而是选择在咖啡店喝咖啡或看书消磨掉。但千万别以为北欧人每天过的就是喝喝咖啡、看看报纸的懒人生活,他们享受幸福的前提是高福利体制下高效和热情的工作态度。"不要考虑收入,先问自己喜不喜欢,喜欢的工作才有可能做好它",这是北欧人的价值观,因此工作对他们来讲绝不是一种"煎熬"。为了提高工作效率,北欧人想尽一切办法进行创造,为的是有更多的时间休闲和陪伴家人,看看那么多诺贝尔得主和世界著名企业你就会明白……

爱家庭——小王子公主的安乐窝

北欧人的生活里,只要一放假,他们就会迫不及待地和家人一起享受阳光、海滩、滑雪、骑行带来的快乐,北欧人的家庭观念很强,即便是男人也不会以"加班应酬"为由,牺牲与妻子、孩子在一起的时光。下班回家的第一件事,就是和家人一起度过不开电视机的"家庭时间"。他们一起做饭,做游戏,讲故事,聚会,很少有人在外流连。即使要加班,也以不影响家庭时间为准,例如父亲宁可选择凌晨3点钟去加班,这样家里至少还有母亲可以陪小孩吃早餐,父亲损失的只是早餐的1小时相聚时间。

对北欧的男人们来说,家庭、孩子不是男人在寻求成功过程中的一个背景,而是一个男人生活品质最重要的部分。

(二)性格的认知特征

性格的认知特征是指个体在认识活动中表现出来的心理特征。旅游者在游览参观中,有的人能根据自己的目的和兴趣去进行观察和判断,很少受环境的干扰,这是主动观察型;而有的人却明显受环境的影响,表现为被动感知型。有的人注意事物的细节,属于详细分析型;而有的人则较多注意事物的整体和轮廓,属于概括型。如在参观博物馆时,有的人很快看完,觉得没什么可看,显得粗枝大叶;而有的人很仔细地进行参观,觉得内容很丰富。这些方面都表现了旅游者不同性格的认知特征。

(三)性格的情感特征

性格的情感特征是指个体在情感表现方面的心理特征。在旅游活动中,有的旅游者比较容易产生情感波动,碰到一些小事便可触发强烈的情感,而有的旅游者的情感活动比较稳定;有的人很开朗,而有的人却很沉默;有的人整天欢欣愉快,而有的人却整日抑郁低沉。这些都表现了不同性格的情感特征。

(四)性格的意志特征

性格的意志特征是指个体在调节自己的心理活动时表现出来的心理特征。自觉性、坚定性、果断性、自制力等是主要的意志特征。这方面的性格特征在旅游者遇到困难或某些突发事件时就会表现出来。如一个来自美国加州的76岁旅游者,为了亲眼看一看我国古人的杰作——中国的万里长城,不畏艰辛、一步一步缓缓攀登,终于登临长城,饱览壮丽景色。这从侧面表现了他性格中的意志特征具有自觉性、坚毅性等。

在以上四个方面的性格特征中,最主要的是性格的态度特征和意志特征,其中又以性格的态度特征更为重要。因为它直接体现了一个人对事物所持有的稳定的倾向,也是一个人的本质属性和世界观的反映。性格的上述各方面的特征并不是孤立的,而是相互联系的,在个体身上结合为独特的统一体,从而形成一个人不同于他人的性格。

四、旅游者性格类型分析及应对服务技巧

(一)按照理智、意志、情绪在性格中占优势的情况,可将旅游者分为理智型、情绪型、意志型

1.理智型

理智型的旅游者通常以理智来评价周围发生的一切,并以理智支配和控制自己的行动,处事冷静。这类旅游者遇事爱思考,讲道理,通常以理智来衡量是非好坏,具有这种性格的人大多是一些专家、学者、知识分子。

接待这类旅游者,旅游从业人员要严格按照旅游接待计划开展活动,接待工作认真规范,较适合使用规范的服务用语。

2.情绪型

情绪型的旅游者通常用情绪来评价一切,言谈举止易受情绪左右,情绪体验深刻,不善于进行理性的思考,处理问题喜欢感情用事,不能三思而后行。许多女性旅游者具有这种性格特征。

接待这类旅游者,旅游从业人员要积极调动他们的高涨情绪,尤其在旅游活动中要保持团队的热情气氛,运用抒情的、富有感染力的语言,调动旅游者的积极情感。

3.意志型

意志型的旅游者行动目标明确,做事主动、积极、果敢、坚定,有较强的自制力,一旦做出决定,不会轻易改变。具有这种性格的旅游者大多是管理者、事业有成的人士。

接待这类旅游者,旅游从业人员要合理设定目标,严格按日程安排活动,避免随意性。

 **特别提示**

这是英国的培因(A.Bain)和法国的李波特(T.Ribot)提出的分类法。

(二)按照心理活动的倾向,可将旅游者分为内倾型和外倾型

1.内倾型

内倾型的旅游者心理活动倾向内部,他们处事谨慎,遇事深思熟虑,交际面窄,适应环境能力较差。他们稳重、谨慎、沉静,喜欢自己观察体验、分析判断,不轻易相信他人,有自己的主张。

接待这类旅游者,要注意尊重、关心他们,做事要客观、公正,避免厚此薄彼,引起他们的反感。

2.外倾型

外倾型的旅游者心理活动倾向外部,他们活泼开朗,善于交际,活动能力强,容易适应环境的变化,易对各种事物表示兴趣,热情高。

接待这类旅游者,应多与他们交流、沟通。针对他们兴趣广泛的特点,多介绍新奇、参与性强的活动,比如峡谷探险、少数民族的集体歌舞活动等。

 **特别提示**

这是瑞士心理学家荣格(C.G.Jung)的观点。

(三)按照个体的独立性程度,可将旅游者分为独立型和顺从型

1.独立型

独立型旅游者的主要特点是善于独立地发现问题和解决问题,不易为次要因素所干扰,在紧急、困难情况下表现出沉着、镇静、易于发挥自己力量的特点。这类旅游者喜欢自主旅游,即使参加团体旅游,也尽可能多地要求属于个人支配的时间。

接待这类旅游者,旅游从业人员要尽量在规定的时间内做好应该做的事,不要拖拉,以免影响工作进程。特别是导游在带团过程中,遇事不要擅作主张,要与游客商量,尊重独立型旅游者的意见,同时注意应给他们留出足够的单独活动时间。

2.顺从型

顺从型旅游者的主要特点是独立性差、易受暗示,容易不加分析地接受别人的意见、按照别人的意见办事,在紧急、困难的情况下容易表现惊慌失措。他们喜欢参加团体旅游,按计划旅游,服从意识和配合程度很强。

接待这类旅游者,旅游从业人员要给他们做好参谋,多为他们着想。在旅游过程中,导游要积极组织各种活动,充分发挥导游的组织、协调作用。

 **特别提示**

这是美国心理学家威特金(H.A.Witkin)等人提出的观点。

小知识

游客特征分析

见面爱说又爱笑,这样的游客较可靠;
要求偏多又言少,这样的游客要讨好;
团队当中有权威,对其热心不吃亏;
说话严厉有分量,对其尊重不一样;
爱听爱看又爱摸,对其服务要多说;
少言少语又怕累,对其服务要干脆;
文化层次比较高,讲解认真别轻佻;
语言不通有障碍,对其照顾多关爱;
团员当中年纪大,事多钱少不用怕;
来自沿海大都市,这样的游客比较富;
来自西部和内地,游客花钱较小气;
来自山区和乡下,对其友好不欺诈;
游客上班在机关,消费起来很一般;
游客当中多农民,老实听话受欢迎;
遇到都是打工族,薄利多销别太俗;
接待名人和领导,工作周全要讨好;
团员都属好朋友,该出手时也出手;
爱吃爱抽又爱喝,这样的游客别怕多;
爱吃爱喝爱跳舞,热心服务别怕苦;
团员当中尽老外,习俗不同别见怪;

华侨港台东方人,服务热心重人情;
有说有笑又爱讲,不是局长是科长;
衣服穿得较得体,一般都是干私企;
穿戴打扮上档次,属于成功的人士;
团员见他比较怕,准是团中大老大;
怀里揣满人民币,花起钱来真豪气;
钱包装有许多卡,购物消费才潇洒;
　身上珠光宝气,花钱一定豪气;
　身上高档着装,花钱一定大方;
　平时手机经常响,生意兴隆财源广;
　手机关机不联络,财路不多少事做;
　随身佩有小皮包,这样的游客档次高;
　旅途当中重学习,认真服务是前提。

资料来源:李灵资.趣味导游顺口溜[M].北京:旅游教育出版社,2005.

五、旅游者性格的鉴别

旅游从业人员可以通过观察旅游者的各种表现,来鉴别他们的性格。

(一)性格在活动中的表现

旅游者在与导游、客房服务员、餐厅服务员的交往活动中,在参观游览活动中,在交易会商务活动中,都反映出他们不同的性格特征。

(二)性格在言语中的表现

旅游者健谈与否、讲话声音大小、讲话速度快慢,以及语言风格等,都在一定程度上反映出他们的性格。如爱说话,可能表明他们具有开朗、善交际、关心人或浮夸的性格特征。

(三)性格在外貌上的表现

旅游者的性格还可以通过面部表情和身体姿态来表现。如微笑与不同的情景相配合可以表现不同的性格;高傲的人挺胸仰头,摇头晃脑;谦逊的人躬身低眼、微缩双肩,力求不引人注目;矫揉造作的人姿态装模作样;有自制力的人则不轻易打手势。性格在外貌上的表现是极其复杂的,表情和姿态有时可能受人的主观的掩饰,以致表里不一。

 闯关考验

一、填空题

1.需要层次理论指出人类的基本需要有五种,即生理需要、安全需要、社交需要,_____和_____。

2.根据旅游业发展的情况,结合当今旅游者的活动表现和种种旅游行为,将人们的旅游动机分为_____、探索求知、_____、宗教信仰、_____。

3.现代的气质学说将气质一般划分为胆汁质、_____、黏液质和抑郁质四种类型。

4.按照心理活动的倾向,旅游者分为_____和_____。

二、判断题

1.旅游需要是旅游者在旅游过程中对旅游产品和服务的需求,是需要的一种特殊形式。( )

2.当人们有了旅游需要,就会有旅游决策,进而采取旅游行为。( )

3.他们在办事的时候,往往比其他旅客显得心急,通常显得不耐烦;显得很粗心,经常遗失东西,这是多血质的旅游者。( )

4.接待理智型的旅游者,旅游从业人员要合理设定目标,严格按日程安排活动,避免随意性。( )

三、简答题

1.旅游者的一般需要有哪些?

2.旅游动机产生的条件有哪些?

3.不同气质旅游者的主要表现有哪些?如何恰当接待?

4.旅游者性格是如何分类的?怎么进行鉴别?

四、实训题

选取当地一个景点,进行问卷调查。

项目六 游览,奏响旅游的主旋律

穿针引线

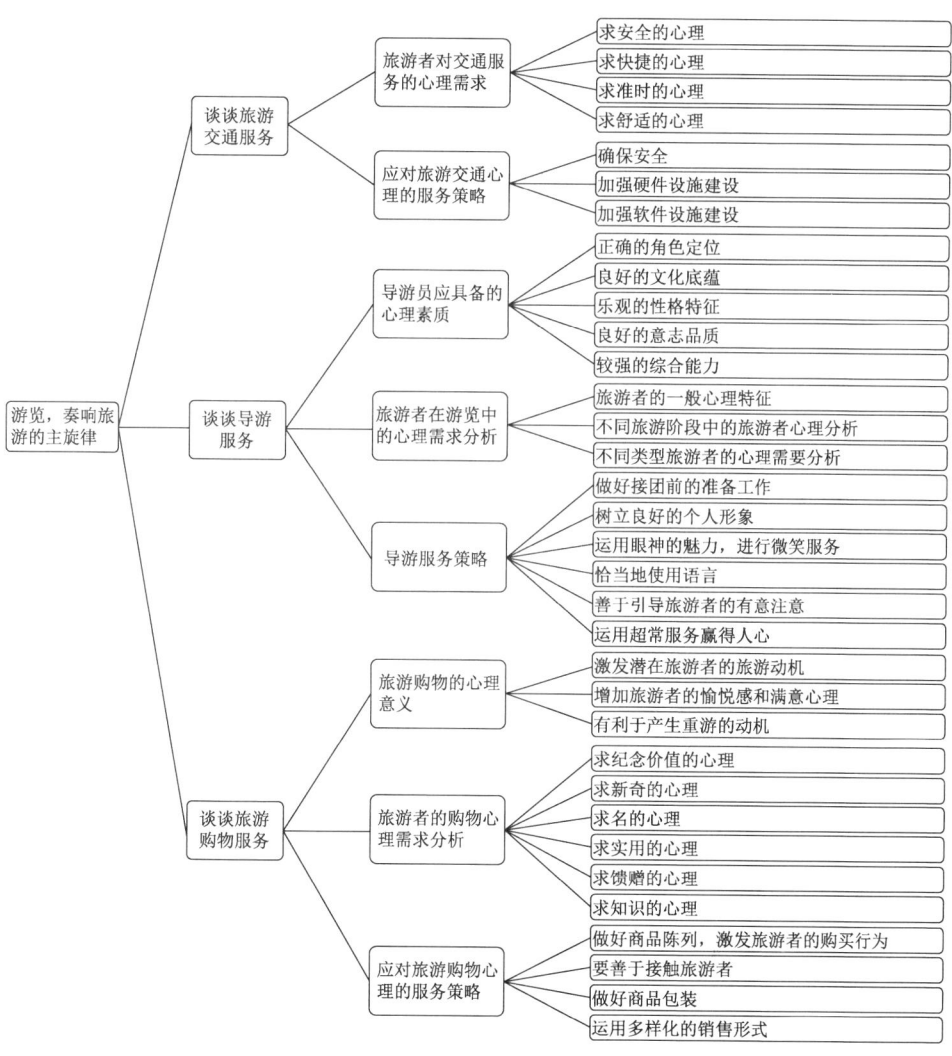

学习目标

1. 了解旅游者对旅游交通服务的心理需求,掌握做好交通服务的技巧;
2. 了解导游员应具备的心理素质,关注旅游过程中旅游者的心理,掌握做好服务的技巧;
3. 了解旅游购物的意义和旅游者的购物心理,掌握购物服务的技巧。

项目概览

旅游服务是旅游业的灵魂。旅游活动的关键是"游",在游览过程中,旅游交通服务、导游服务、旅游购物服务等服务质量的好坏影响着旅游企业的命运和前途,应提高旅游服务人员的服务心理素质,增强其职业的适应性,为旅游者的旅游活动奏响和谐的乐章。

任务一　谈谈旅游交通服务

情境设计

张伟完成了带台湾团的任务,又接到了带团去港澳的任务。该旅行团原计划乘7月30日的航班3100于14:05离郑飞香港,但因订票员订票时该航班已经满员,便改订了3102航班(12:05起飞),并在订票通知单上注明:"注意航班变化(12:05起飞)"。但由于计调疏忽,没有通知张伟,也没有再更改接待计划,结果造成误机的重大责任事故。

根据以上情境,完成下列任务:
1. 你认为是谁应承担误机的责任?
2. 如果你是导游,你会怎么处理?

任务分析

旅游出行的第一个环节就是交通,交通工具是否准时是旅游者对交通服务的重要需求,直接影响着旅游者的情绪。而此次赴香港的航班被人为地错过,确实是导游、计调工作的重大失误,既耽误了游客的时间,也给旅行社造成了一定的损失。

> 知识讲解

旅游交通是旅游业发展的重要环节之一,旅游交通服务也是旅游服务中不可缺少的一部分,做好旅游交通服务一定要了解旅游者对旅游交通服务的心理需求。旅游交通服务包括旅游者离开家到达旅游目的地、旅游者在各个旅游地的交通以及旅游者从旅游目的地回到家几方面的旅游交通服务。

一、旅游者对交通服务的心理需求

旅游者对交通服务的心理需求是多方面的,主要包括以下几方面:

(一)求安全的心理

根据马斯洛的"需要层次理论",安全需要是人们满足生理需要后最基本的心理需求。安全是旅游活动的前提,没有安全保障的旅游是无法吸引旅游者的。只有安全的旅游交通服务,旅游者才敢"旅",才能"游"。所以,旅游交通服务只有在确保旅游者安全的前提下,才能构成有效的服务。

 热点透视

体坛悍将也怕坐飞机

马航事件发生之后,小威、穆雷等网球名将的"恐飞症"又被人提起。中国网球金花彭帅乘坐的"红眼航班"在飞往美国迈阿密途中出现两次严重颠簸,吓得她在飞机上哭了起来。她说:"感觉飞机的翅膀都倾斜了,失重了。当时特别恐怖,我抓着安全带,再想想最近关注的马航的事,自己就被吓哭了。"荷兰著名足球运动员博格坎普也是一名"恐飞症"患者,原因有人说是1994年美国世界杯后,博格坎普随荷兰队回国所乘的航班出现发动机问题,而他的自传则说是因为一次坐小型飞机遇到气流颠簸。他受刺激后就再也不坐飞机了,哪怕错过重要的国际赛事。有时他在比赛时也会想到坐飞机的事情,让他十分难受。

分析: 2014年7月17日发生的马航MH17航班坠毁事件,根据精神卫生研究所数据显示,使6.5%的人或者说20亿人口都受到影响。这种症状是种被称为"恐飞症"的焦虑症。知名航空心理学专家给大家提供了一些小建议:不"过分阅读"坠机新闻,在飞机起飞的时候可以尝试用一些小技巧放松自我。

资料来源:http://www.wdh.la/showarticle/4380.html.有删改

（二）求快捷的心理

旅游者的时间观念都很强，许多旅游者从快节奏的工作转换到慢节奏的休闲时，会出现不适应的紧张情绪。旅游者希望花费在旅途当中的时间是短暂的，所以长距离的旅行容易引起疲劳。因此，旅游者对旅游交通服务常有"快捷"的生理需求和心理需求，他们要求"旅宜速"。为了尽量地缩短旅游的时空距离，很多旅游者选择飞机作为交通工具，如果乘火车，也多选择特快或高铁。

（三）求准时的心理

旅游者外出旅游时总是希望一切活动都能按计划实施，这样一方面能保证他们旅游结束后的生活、工作正常进行，另一方面还能使旅游者产生信任感和安全感。如果在旅游中旅游者所乘坐的游览车辆耽误了时间，他们会感到减少了他们的旅游时间，扰乱了他们正常的旅游活动。同时，由于等待被人认为是最无聊的事情，旅游者会因此而感到烦躁，进而产生不安、不满、反感、恼怒的情绪。所以，要了解旅游者"准时"的心理需要，做好旅游服务工作。

（四）求舒适的心理

旅途中要求舒适，得到好的照顾和服务，也是旅游者的基本心理需求。较长时间坐车、船、飞机旅行，会使旅游者产生生理上的不适、疲劳感，以及心理上的烦躁、郁闷感。如果交通工具噪音大、空气混浊、温度偏高、座位不适等，更容易引起旅游者反感。

图 6-1　高铁商务舱

二、应对旅游交通心理的服务策略

（一）确保安全

保证交通安全是旅游交通服务最基本的工作。旅游交通服务部门要采取各种措施防止或减少在旅途中发生交通事故,因为一次交通事故,就会给旅游者在心理上留下阴影,影响旅游者旅游动机的产生,尤其是对那些经历过交通事故的人,少则几个月,多则几年才能在心理上逐渐淡化交通事故留下的阴影,甚至会使有些人终生对旅游存在一种畏惧心理。

(二)加强硬件设施建设

加强旅游交通硬件设施建设,主要是指使机场、车站、码头、交通工具的建设及实现服务现代化、网络化。现代化的运输网络、现代化的交通运输工具为旅游者提供了准时、快捷的交通服务。交通设施的完善解除了旅游者对旅游交通的担忧,为旅游业的发展奠定了基础。

(三)加强软件设施建设

要提高旅游交通服务的质量就必须加强交通服务的软件建设,即培养具有良好职业心理素质的服务人员,他们应该具备以下方面的素养:

1.要有过硬的知识、技能

为确保旅游者生命财产的安全,必须加强对服务人员的安全教育,使他们强化安全意识,提高安全操作技能、服务技能,对交通工具、基础设施进行严格的维护与检查,加强安检。

2.要有良好的情感

良好的情感是提供优质服务的前提,具备了良好情感品质的服务人员,有顽强的毅力,有高度的责任心,有丰富的情感,能真心诚意地关怀旅游者,使服务体现出人情味。

3.要具备敏锐的观察力

观察力强的服务人员能主动察觉旅游者的需要,并及时提供体贴入微的服务,能机敏、果断地判断、分析、处理各种事件,使服务更有针对性。

总之,随着旅游事业的发展,旅游者对旅游交通服务的要求也越来越高,旅游交通部门要不断地完善交通设施和提供高质量、多方位的服务才能满足旅游者对旅游交通服务的心理需求。

 最新动态

人性化机场是如何炼成的?

国际机场协会(ACI)公布的2013年度全球机场旅客满意度测评报告显示,上海浦东机场在全球235家机场中居第4位,拥有了与新加坡樟宜机场、韩国首尔仁川机场、香港赤鱲角机场等世界级人性化枢纽机场相比肩的硬件设施和服务水准。与此同时,上海虹桥机场在世界机场的一项服务测评中也名列前茅。

一、寻找短板,有针对性改进

上海两大机场在提升服务时,采用第三方测评的方法,将现场服务指标细化为可测量、可监控、可考评的量化指标,并覆盖地面交通、值机、安检、行李提取等机场服务链的全流程,通过现场抽查、视频暗访、流程采样等方法,做到全过程监控。通过评估比对、旅客问卷调查、历史数据统计、监控回放、网络信息收集等方法,从旅客需求出发,力求做到论据充分、结果明确、措施有针对性。

二、独创性与精细化

浦东、虹桥机场在国内外专业机构测评中,环境保洁指数始终位列国内前茅。他们把航站楼保洁作为精细化管理重点项目,采取区域化包干、定量化考核等方式,一方面缩小了保洁员职责区域,避免岗位交叉带来的职责不清等情况,另一方面将具体指标数字化,如吸烟室每15分钟必须清扫一次,烟缸内烟蒂不得超过10个,洗手间每3分钟循环保洁一次,洗手液不少于1/3,擦手纸不少于1/3,登机前5分钟必须到登机口做清洁准备……一系列数字让保洁员能记住、可操作。

浦东机场也聚焦社会关注,优化了出租车运营模式,采取"双车道多车位"发车模式;增设降温喷雾装置和出租车站点资费显示屏,促进了机场交通服务保障能力的增强。针对ACI测评薄弱环节,浦东机场优化中转流程,在国内机场中率先实施了"24小时过境旅客免办边检手续"和"72小时过境免签"两项通关政策,极大地方便了过境旅客。浦东机场推出的"空巴通"空地联运项目,为长三角地区的旅客提供了航空与长途巴士无缝衔接的出行服务。

三、小改变带给旅客大方便

虹桥机场的行李手推车采用的"围圈式摆放法"是"小小的改变"带给旅客"大大的方便"的典型之作,这使得高峰时段旅客取车效率提高近50%。手推车45度顺旅客行径摆放法、鱼骨形无死角取车摆放法、车辆拉松间距服务等成为了虹桥机场的一张名片。

虹桥机场安检为避免验讫章油墨对旅客造成污染,要求验证员在盖章后,将该登机牌沿正、副联骑缝折叠,然后双手递交到旅客手中。此外,虹桥机场安检还发放"二次安检旅客优享卡",凭此卡及首次过检加盖过安检章的登机牌、身份证件,二次安检旅客享有从原安检通道优先过检的礼遇。而浦东机场安检则通过优化置物筐使用流程和在安检通道使用鞋底检查仪等方法,加快了旅客过检速度。

资料来源:孟进,柏蓓.人性化机场是如何炼成的[N/OL].中国民航报,2014-03-24.http://news.carnoc.com/list/277/277606.html.有删改

任务二　谈谈导游服务

情境设计

在香港旅游的第二天恰逢星期天,团队的王女士找到张伟:"我今天要自由行动,不跟团,我要做礼拜,请问哪里有基督教堂?"张伟迅速在纸片上写下教堂的地址、位置、行走路线。可是待王女士赶到张伟说的地方之后发现,那里根本不是基督教堂而是天主教堂。王女士很生气,回来之后向旅行社投诉了张伟,一个大旅行社,员工素质真差,连天主教堂和基督教堂都分不清楚。

根据以上情境,完成下列任务:
1. 张伟为什么会犯下这样的错误?
2. 你认为导游应具备哪些知识?

任务分析

在旅游活动过程中,旅游者需求的最大满足,不仅取决于旅游环境和旅游活动的安排,还取决于旅游服务质量。导游在接待的过程中会遇到有不同需求的客人,所以应掌握基本的导游知识和接待技巧,为客人提供准确、优质的服务,赢得游客的满意。

知识讲解

导游员被称为"民间大使",在旅游活动过程中,担任着提供食、住、行、游、购、娱等方面的全面服务的使命。他们要在短时间内,使旅游者欣赏自然风光、感受历史文化、体验异地风情。导游人员的工作范围广、综合性强、责任大。

一、导游员应具备的心理素质

导游员是旅行社接待工作的主体,导游服务在旅游接待服务中发挥着核心与纽带作用,其质量水平已成为现代旅游者旅游体验质量高低的标志。随着旅游业的发展,社会对导游员素质提出了更高的要求。作为一名优秀的导游员,需要具备以下素质:

(一) 正确的角色定位

导游员要具备能够组织、协调旅游活动,满足旅游者"求新、求知、求变、求奇、求乐"愿望的旅游服务工作能力,要熟练掌握服务技巧、灵活处事、把握分寸。导游员应当在规范化服务的基础上,根据旅游者的个性差异和不同的旅游需求向旅游者提供优质的个性化服务,并根据自己的优势或特长、爱好,形成自己独特的导游风格。

特别提示

八心服务:诚心、精心、贴心、热心、细心、耐心、真心、虚心。

(二)良好的文化底蕴

有人说导游是"杂家""游人之师""万事通""艺术家"等,丰富的知识是导游员工作的前提,导游员的知识涉猎于各个领域。因为旅游者来自社会的各个阶层,他们的受教育水平、素质、习惯、兴趣爱好差异很大。这就要求导游员必须具有丰富的知识,做到有问必答,言之有物,解答旅游者对景点风光、风土人情等的疑问。

(三)乐观的性格特征

导游员要具备乐观的性格特征,经常保持亲切的笑容,用真诚和热情赢得旅游者的信任,用坚韧和耐心化解旅游者的不满。导游员与旅游者接触时,要能较快地与他们建立融洽和谐的人际关系,使旅游者心情愉快。

(四)良好的意志品质

导游员要有良好的意志品质。服务过程中面临着复杂的社会环境,要和各种各样的人打交道,这就要求导游员能准确地把握问题的关键、预测可能的结果、做出正确的决定、及时恰当地处理好各种问题。

(五)较强的综合能力

1.语言表达能力

语言表达能力是指运用语言、表情、行为等传递有关信息的能力。俗话说:"景色美不美,全凭导游一张嘴。"导游员在与旅游者交往的过程中,语言交流所占的比重最大。导游员通过语言表达,向旅游者传达各种信息,因此,具备较好的语言表达能力是做好导游服务工作的关键。

2.观察能力

导游员应具备敏锐的观察能力,通过观察旅游者的言谈举止、面部表情,判断他们的需求和动机,了解他们的兴趣和性格特点,根据旅游者的心理特征,采取有针对性的措施保证旅游活动顺利进行。

3.应变能力

导游员的应变能力是指处理突发事件和技术性事故的能力。它要求导游员在问题面前沉着果断、灵活应变,处理好各种关系和矛盾。

4.注意分配能力

导游员必须具备合理的注意分配能力,即在同一时间内,把注意力分配到两种或几种不同的对象上。在游览过程中,导游员要同时注意到旅游景观、旅游者、讲解内容和周围环境。在景点讲解时,导游员既要注意讲解,使内容生动,语言流畅,又要注意旅游者的反应,以及时调整讲解内容和方法。

5.交际能力

导游员除了与旅游者交往之外,还要协调与旅游部门、其他相关部门的关系。这就要求导游员要具有较强的交际能力。一个缺乏社交能力的人,很难处理好自己与社会、周围环境和他人的关系,也很难做好导游工作。

可见,成为一名优秀的导游员要具备多方面的综合素质与能力,并在导游实践工作中不断积累。

 最新动态

中文导游全球抢手

2014年1月,韩国釜山市政府称,随着访问釜山的中国游客数量的激增,釜山市面临中文导游紧缺的问题。有分析指出,这一现象已成为制约韩国入境游市场的一大"瓶颈"。

2014年春节,我国公民出境游意愿首次超过跨省游,高达39.3%,出境游人数预计达到475.4万人次,创史上新高。中国游客井喷式增长使各国中文导游的需求格外突出。在各国纷纷采取对策应对中文导游短缺问题的同时,一股"汉语热"也在悄然升温。

2013年以来,日本冲绳、马来西亚、英国、荷兰、俄罗斯、墨西哥等国家和地区陆续开展了针对中文导游和汉语翻译的培训。随着中国综合国力的提升和国际地位的日益提高,中国游客潮必将带来全球"汉语热"。

资料来源:李慧.中文导游全球抢手[N/OL].人民日报海外版,2014-02-10.http://paper.people.com.cn/rmrbhwb/html/2014-02/10/content_1388264.html.有删改

二、旅游者在游览中的心理需求分析

(一) 旅游者的一般心理特征

旅游者有很多共同的心理特征,主要表现在以下几个方面:

1. 求安全的心理

出门在外,安全是旅游者的第一需要。旅游者离开自己的居住地,到一个陌生的地方旅游,由于缺乏对周围环境的了解,所以,安全需要就表现得更为强烈。

2. 求省心的心理

旅游者外出旅游,不仅是为了增长自己的见识,而且也是为了寻求解脱,即从日常紧张、繁忙的情绪中解脱出来。旅行社的产品组合了旅游过程中的食、住、行、游、购、娱,满足了旅游者的这种心理需要,为他们省去了不必要的麻烦和担心。

3. 求守信用的心理

在旅游的组织过程中,旅行社的服务具有一定的滞后性,旅游者希望旅行社提供的服务要遵循规定的程序、项目、质量等内容,希望较好地履行合同中规定的责任和义务。

4. 求公平合理的心理

旅游者期望旅游产品的价格要合理,物有所值,甚至物超所值。因此,旅行社在旅游线路的设计、景点的安排上要科学合理,突出主题、便于旅游者选择。同时,还要合理安排游览时间,避免线路重复,要站在旅游者的角度考虑旅游时间和费用问题。

(二) 不同旅游阶段中的旅游者心理分析

旅游者在旅游过程中的不同阶段表现出不同的心理,导游员要根据他们在不同阶段的心理,有的放矢地提供服务,让旅游者得到心理上的满足感,在精神上获得享受。

1. 初始阶段

旅游者带着美好的憧憬踏上旅途,对路上正在经历的和即将经历的新鲜事物感到紧张、不安、激动。正是由于旅游者对旅游活动中的安全、便利等方面的信息缺乏一定的了解,导致产生紧张的情绪,存在着拘谨和戒备;有的旅游者还有茫然感和惶恐感,因而沉默寡言,谨慎小心。这些心理的变化也与生理因素相关,旅游者作息时间的改变,使一些人一时适应不了,有些国外旅游者还要倒时差。

在这一阶段,导游员应当为旅游者安排适应新环境的过渡期。首先,利用旅游者对导游员的依赖性较强的心理,建立起旅游团群体规范,这有利于带团工作顺利进行。其次,导游员应以随和轻松的心态与旅游者进行交往,以生动精彩的讲解和耐心细致的解答满足旅游者的好奇心。再次,导游员应为旅游者提供全面真实的旅游目的地的相关信息,并交代此次出行的一些注意事项。导游员真诚、热情的接待和周到、细致的服务,能给旅游者树立起可信赖的良好形象,建立信任,从而消除旅游者紧张、不安、激动的情绪。

2. 游览阶段

游览是旅游活动的主要内容。随着旅游者与导游员之间的相互了解,旅游者因环境不熟悉而出现的求安全心理和戒备心理逐渐消失,开始以轻松、愉快的心态进入到旅游体验中。此时,旅游者的性格特点开始显露,特别是性格弱点逐渐暴露,比如,自行其是、时间观念差、集体意识不强、自由散漫等。这一阶段成员之间也容易产生矛盾。

大多数旅游者在这一阶段还会出现求全心理,对自己所参加的旅游活动要求过于理想化。他们认为自己既然是花钱外出,那么旅游活动中的一切都应是理想而美好的,从而产生过高要求,对旅游服务和旅游产品难免挑剔和指责,一旦其提出的要求得不到满足,就会出现强烈的反应。

游览阶段是旅游团最紧张、最辛苦的阶段。旅游团的活动一环扣一环,难免会出现一些差错,为了顺利完成这一阶段的工作,并让旅游者得到安全优质的导游服务,导游员应注意以下几点。

(1)注意满足旅游者求知的心理

导游员在进行讲解的过程中要因势利导地满足旅游者的心理需要,讲解要讲策略,要有针对性地讲解,要能引起旅游者的求知欲望,简要介绍主要旅游景观,给旅游者更多的时间尽情地欣赏。同时,导游员应该善于察言观色,根据旅游者的情绪反应,调整自己的讲解内容和方法。

(2)控制游览的节奏

导游员要注意旅行与游览活动有张有弛。在整个游览活动过程中,独特、新奇的旅游项目不要安排在一起,这是因为,正常人的心理状态不会长时间都维持在一个较高的觉醒水平,为了能达到更好的游览效果,应合理安排经典景点的游览时间,这样才会收到较好的游览效果。

3. 结束阶段

在旅游活动的结束阶段,旅游者会对旅游期间所接受的服务进行整体回顾和综合评价,这个时候他们的心理是复杂的,既兴奋又紧张。在整个旅游过程中自己增长了见识,放松了心情,在旅游活动结束后,马上就可以返回自己的家乡,可以和亲朋好友分享自己此次旅游的经历见闻,因而感到兴奋;但是在这一阶段旅游者也会出现紧张和忙乱心理,如觉得时间过得太快,还有部分纪念品未买,担心行李超重等;此外有些旅游者觉得意犹未尽,对尚未结束的游览活动恋恋不舍,甚至对当地产生依恋之情。作为导游员,完美的结束语是非常必要的,它既体现导游员对旅游者的真诚祝福,又表达对即将离去的旅游者的留恋。

(三)不同类型旅游者的心理需要分析

来自不同地域、不同行业、不同年龄和性别的旅游者具有不同的心理特征,导游员要尽量多地了解他们的特征,有针对性地提供服务。

1. 不同旅游动机旅游者的心理需要

导游员要根据旅游者的出游动机提供相应服务。如港澳台同胞和华侨多数是为了来探亲访友,导游员的工作应以探亲访友为中心;而专业团体,如教师旅游团、医生旅游团除游览外,还希望能与其他同行进行交流,导游应在日程安排上酌情考虑,将此项活动列入计划;有的专业团还希望导游能够提供有关的专业信息,导游员应提前做好准备,以满足旅游者的需求。

2. 不同年龄旅游者的心理需要

不同年龄的旅游者有着不同的心理需要。如年轻人活泼好动、对新鲜、刺激的旅游项目有着浓厚的兴趣,在游览中,他们精力旺盛,爱玩爱学,想象力丰富,喜欢拍照,对食宿条件不太计较,花钱大手大脚;而年纪较长的旅游者则沉着老练,容易怀旧,对会见老朋友、游览名胜古迹、观赏文物古迹等较有兴趣,对于异地老年人的生活及其他情况也渴望了解。

3. 不同性别旅游者的心理需要

不同性别的旅游者有着不同的心理需要。如男性旅游者在旅游活动过程中较为独立,能从实际出发进行独立思考,有较强的自我控制能力。但是他们考虑问题不够全面,粗枝大叶。在旅游活动中他们喜欢表现自己,偏爱带有一定冒险性的、需要消耗体力较多的项目,此外,那些具有较强知识性的旅游项目也会受到他们的青睐。

相对于男性旅游者而言,女性旅游者在旅游活动过程中依赖性较强、感情丰富,易受感染。在旅游消费中,她们会受旅游产品的特色、品位和环境气氛的影响而产生消费欲望;在参观游览过程中,她们的情绪会随着导游的讲解而起伏。女性旅游者较为心细,更善于观察,也能全面考虑问题。此外,女性旅游者更喜欢参加一些休闲度假或是购物休闲活动,以及具有较强观赏性的旅游活动。

4. 不同文化背景旅游者的心理需要

不同国家或民族的传统文化和风俗习惯会影响旅游者的性格、兴趣和爱好等。比如英国人冷静、寡言少语,表现绅士风度,尊重妇女,讲究衣着和气派;德国人较为严谨、勤勉,好清洁,爱音乐,喜欢购置家具与衣着;美国人则比较开朗,重实利,喜新奇,穿衣较为随便;日本人好胜心强、自制力强、注重礼仪、讲究礼貌。导游员应了解旅游者的文化背景、风俗习惯,掌握他们的心理需要,从而有针对性地为旅游者提供优质的服务。

 **热点透视**

糟糕的导游

2010年1月,安徽省宣城市某电器公司开展有奖促销活动,获奖顾客可获得港澳双卧六日游大奖。电器公司委托宣城A旅行社承办此项旅游活动,A旅行社与没有出境游资质的宣城B旅行社合作,其后B旅行社又与深圳C旅行社签订了赴港澳游的委托协议。参加港澳双卧六日游的游客与B旅行社签订了出境旅游合同。2010年3月24日,51人的港澳旅游团从安徽出发,香港接待社为D旅行社。该团在港旅游期间,香港接待社所派导游李巧珍多次胁迫游客购物,并对游客进行人身侮辱。该团游客将导游李巧珍在旅游大巴上谩骂游客的言行暗录下来,回内地后将录像传至互联网上,引起社会广泛关注。网友戏称导游为"恶女阿珍"。

分析:导游李巧珍违反了香港《导游作业守则》的相关规定,为了个人利益强迫游客购物,甚至对游客进行人身侮辱,既危害了游客的利益,也严重损害了香港旅游业的形象和声誉。虽然她被施以暂停导游证六个月的处罚,但香港导游形象的重塑还需要更多的努力。

三、导游服务策略

为了能够满足旅游者在活动中的多方面的心理需要,导游员应该注意把握旅游者的心理活动规律,掌握一定的服务策略,做好导游服务工作。

(一)做好接团前的准备工作

接团前的准备工作对导游员来说是十分重要的,导游员可以从已获知的旅游者的姓名、国籍、身份、年龄、性别等信息,了解旅游者的心理特点,如老年旅游者和青年旅游者在生理和心理方面的差别,不同职业和身份的旅游者在兴趣和活动要求方面的差异等。在此基础上,导游员可以制订接待计划,安排游览项目,联系车辆。如果导游员在接待前没有对旅游者进行一些了解和预测,在毫无准备的情况下接团,往往容易措手不及,出现各种失误。

 **特别提示**

导游人员为了做好服务工作,必须学会预测游客的心理,及时了解游客的基本信息,了解他们的旅游动机、爱好、需求,以便在导游服务中做到有的放矢。

(二)树立良好的个人形象

旅游者最先接触到的是导游,对导游员的第一印象往往影响着以后的旅游活动。所以,导游员一定要注重跟游客第一次见面时的形象,态度要热情友好,办事要稳重干练;导游员的着装要符合角色的身份,衣着大方、整齐、得体、简洁,方便导游服务工作;佩戴首饰要适度,化妆和发型要适合身体特征,不浓妆艳抹,不用味道太浓的香水,不要因为自己太光彩而夺了客人的风采,也不要衣冠不整而让旅游者丧失信心;并注意把导游员证书佩戴在正确位置。

(三)运用眼神的魅力,进行微笑服务

眼睛是心灵的窗户,炯炯有神的眼睛能拨动人们的心弦,奏出令人身心愉快的乐章。导游员在服务中应充分运用眼神的魅力,如果导游员用和蔼的目光注视游客,游客会有受尊重的感觉,会对导游员产生好感。真诚的笑、善意的笑、愉快的笑能产生感染力,刺激对方的感官,产生报答效应,引起共鸣。所以,导游员的微笑最能博得旅游者的好感。导游员真诚愉快的微笑是欢迎词,是伸出的友谊之手,是尊重对方的示意,是架起和谐情感交流的桥梁。有经验的导游,深知微笑服务对旅游者的巨大魅力,尽管他们在生活工作中遇到困难也难免产生怨气而情绪低落,但在旅游者面前,他们总是保持笑逐颜开、幽默风趣,令旅游者心旷神怡、不胜愉快。导游员服务成功的秘诀之一就是微笑服务。

(四)恰当地使用语言

语言是表达思想情感的重要媒介。导游服务效果的好坏在很大程度上取决于导游员能否正确使用语言。多数旅游者到旅游目的地后,人地生疏、语言不通,而导游员通过语言可以满足旅游者的各种需要。导游员要用正确的语言去激发旅游者的兴趣,让他们通过联想、移情等心理活动感受景观美,以获得生理和心理的满足。

(五)善于引导旅游者的有意注意

在进行导游服务的过程中,导游员应当根据不同的情况,有意识地创设一些情景,主动向旅游者提出一些问题和要求,以引导旅游者的有意注意。这就是平常所说的"吊胃口""造悬念"的导游手法。这样做可以使旅游者由被动听变成主动探索追求,使某处的名胜古迹在他们脑海里留下深刻的印象;同时也可以使导游员的讲解生动活泼,拉近导游员与旅游者的感情。

(六)运用超常服务赢得人心

旅游者对导游员所提供的程序化的服务往往反应平淡,他们认为这是导游员的"分内事",是他们应得到的正常服务。超常服务是导游员向旅游者提供的特殊服务,这种服务是充满人情味的,是友谊的桥梁。如客人提着行李箱,导游主动上

前帮忙;长时间行车时,导游主动指明男女厕所;遇到客人有病,导游主动联系医院,不分昼夜地看护,使客人有"不是亲人,胜似亲人"之感;遇到残疾人,导游员主动提供方便;客人不慎丢失钱包,导游员主动帮其寻找,并如数归还。这些看起来都是一些不起眼的服务,但在旅游者急需帮助之时,导游员的及时出现会使他们倍感温暖,深受感动。

小知识

导游讲解技巧

导游讲解的语言艺术形式,对于取得良好的导游效应具有十分重要的作用。在导游讲解过程中,每个合格的导游人员几乎都有一套娴熟的导游方法和技巧,而且各有特色。这里,根据导游语言所基本具备的理、物、趣、神四个特点,列举一些实例,并着重从语言艺术的角度,介绍几种讲解艺术手法。

1.逗趣法

逗趣法,就是用幽默风趣的语言进行导游讲解,让游客在乐趣中得到精神享受。例如,在苏州西园的五百罗汉堂里,导游人员指着那尊"疯僧"塑像逗趣说:"朋友们,这个疯和尚有个雅号叫'九不全',就是说,有九样毛病:歪嘴、驼背、斗鸡眼、招风耳朵、瘌痢头、烧脚、鸡胸、斜肩脚,外加一个歪鼻头。大家别看他相貌不完美,但残而不丑,从正面、左面、右面看,你会找到喜、怒、哀、乐等多种感觉……。另外,那边还有五百罗汉,大家不妨去找找看,也许能发现酷似自己的'光辉形象'。"风趣的话,逗得游客乐此不疲,游兴顿增。

2.猜谜法

猜谜法,就是根据旅游景观的内容和特点,以谜语的形式引发游客的兴致。请看实例:有位导游员在杭州九溪十八涧对游客说:"这儿的路处处曲,路边的溪水叮咚响,远近的山峦绿葱葱。清代文人俞樾到这里时,诗兴大发,挥笔写道:'曲曲环环路,叮咚泉,远远近近山……'前面已用了叠词,朋友们猜猜看,第四句写树时,俞樾用的什么叠词?"游客们议论纷纷,有的说"郁郁葱葱树",有的说"大大小小树",最后在导游员的启发下猜出是"高高下下树"。大家都惊叹俞樾用词的精妙,"高"和"下"贴切传神,写活了沿山而长的树林。游无锡蠡园时,导游员让游客先看春、夏、秋、冬四个亭中的春亭,指着匾说:"春亭挂的匾额是'滴翠',表达了春天的形象,有特色。那么,夏、秋、冬三个亭子会用什么题匾呢?各位朋友是否能猜中?"一石激起千层浪,游客边猜边看,猜中的笑逐颜开,未猜中的纷纷敬佩题匾者的文笔之妙。

3.悬念法

悬念法，就是根据不同的导游内容，有意识地创造连环套似的情境，先抑后扬地提出问题，以造成"欲知结果如何，且听下回分解"的悬念，使游客由被动地听讲解变为主动探寻，以激起欲知其究竟的好奇心和求知欲。例如，有关定陵的导游过程：定陵分为门前、展室和地宫三大部分，在门前，讲概况，未点出发掘年代，要想知道发掘过程吗？请到展室来。在展室，主要讲述发掘过程，末点出地宫内所葬何人，要想知道是怎样入葬的吗？请随同一起下地宫。这样，整个导游过程就环环相扣，引得游客非听非看不可。

资料来源：http://www.xuexila.com/koucai/daoyou/69021.html.有删改

任务三 谈谈旅游购物服务

情境设计

香港是购物天堂，团内的游客都想买些礼物带回去。有几位游客到珠宝商店购物，看了看标价便议论道："这儿的东西这么贵，我们还是去外面看看吧！"这时，服务小姐走上前，关切地说："大家买首饰一定要去大商场，外面的小店款式很好，但是成色、纯度大家很难辨别。"客人立即止步问："那怎么才能辨别呢？"于是服务小姐便将如何辨别金首饰的纯度等方法告诉了游客，又介绍在本商场买首饰的保障方式，首饰的款式有别于其他品牌，虽然价格不便宜，但对于游客来说，买得称心、买得放心才是最重要的。几位客人听完服务小姐的介绍，在服务小姐的帮助下都买到了自己喜欢的款式。

根据以上情境，完成下列任务：
1.商店的服务人员是怎么应对游客的？
2.为什么旅游者会转变态度在商场购物？

任务分析

购物活动是旅游活动中必不可少的重要组成部分。服务小姐面对旅游者不买自己商品的情况，并没有对他们不屑一顾，而是从客人的角度，根据旅游者购物的心理特点，运用自己的服务技能，中肯地对他们选购商品提出建议，取得了游客心理上的认同和信任，让他们顺其自然地做出了购物的选择。

> 知识讲解

一、旅游购物的心理意义

(一) 激发潜在旅游者的旅游动机

购物作为旅游活动的组成部分,影响着潜在的旅游者。制作精美,具有民族特色和地方特色,且质量优良的旅游商品有利于增加旅游地特色,增加旅游活动的吸引力,激发潜在旅游者的旅游动机。比如享有"购物天堂"之称的香港,由于其独特的区位优势,旅游商品的数量多,品种齐全,而且外观美、质量好、价格便宜,因而吸引了大批购物旅游者。

(二) 增加旅游者的愉悦感和满意心理

购买旅游商品是旅游者普遍的愿望,购买到称心如意的旅游商品,会使旅游者感到愉快和满意。购物活动使旅游的内容更加丰富,有利于调节旅游节奏和旅游者的情绪。有的旅游者会为买不到满意的旅游商品而抱怨,可见旅游商品对增加旅游者积极心理效果的意义。

(三) 有利于产生重游的动机

随着时间的推移,旅游活动在旅游者心目中留下的美好形象终究会变得模糊,而旅游者购买的旅游商品,尤其是旅游纪念品却可以长时间地保存,每当看到它时,就会勾起对那次旅游活动的美好回忆和向往,这有利于重游动机的产生。

二、旅游者的购物心理需求分析

由于旅游活动的特殊性,旅游者在购物过程中的心理活动与一般的消费活动相比,既有共性,也有其特殊性。

(一) 求纪念价值的心理

旅游者在旅游活动中购买旅游商品,大多数是因为商品的纪念意义。旅游者对异地具有民族特色、地方特色、审美价值和纪念价值的旅游商品兴趣浓厚,并购买它们作为礼物带回家送给亲友或留作旅游纪念,以加深对旅游经历的感受。例如,外国旅游者喜欢在中国购买丝绸、工艺美术品、字画等。

(二) 求新奇的心理

在旅游购物中,好奇心起着一定的消费导向作用。一些时尚、新颖或独特的商品能满足好奇心强的旅游者追新猎奇和追求个性的心理,他们往往不重视商品的实用性和价格,而更多地关注商品的造型、色彩、式样、外观等。他们对广告宣传和社会潮流很敏感,易受情绪的支配。

(三)求名的心理

求名的心理是指借购物以显示和提高自己的身份、地位为主要目的的购买动机。此类型人以具有一定政治地位和社会地位的政界和社会名流为多见,他们选购时不太重视消费支出的实际效用,而格外重视由此而表现出的社会象征意义。

(四)求实用的心理

这种心理的特点是注重实用、实惠。具有这种心理的旅游者注重商品的使用价值和质量,价格上要经济实惠。他们在购物时仔细慎重、精打细算,不易受外形、包装、商标和广告宣传的影响。有些海外旅游者喜欢购买中国的茶叶、土特产、中药材等。价廉物美、经济实用是这些商品畅销的主要原因。

(五)求馈赠的心理

人们外出旅游购买的旅游商品,除了自己留做纪念外,还通过馈赠亲朋好友、邻里同事等方式来联络感情,加深友谊。旅游者常会为自己周围的一些人带上一份精美的礼品,以表心意。

(六)求知识的心理

这种心理的特点是通过购物获得某种知识,特别喜欢售货员或导游员能介绍有关商品的特色、制作过程,所用原料或历史年代、有关的逸闻趣事,以及鉴别有关商品优劣的知识等。这类旅游者对现场画画、雕刻、手工艺品及有关资料说明特别感兴趣。

以上这些常见的购物心理是相互交织在一起的,旅游者在购买的过程中往往希望旅游商品能带给他们更多方面的满足。

 热点透视

中国游客为何冷对海外旅游购物退税

2013年,中国游客有超过10亿元的海外购物退税金未申领。手续烦琐、相关市场服务缺乏成为主要原因。对此,国内有企业专门推出游客海外旅游购物退税金服务项目,可以让游客回国也能办理退税。

据全球最大退税公司环球蓝联统计显示,2012年中国消费者海外购物退税金额达到244亿元,居全球之首。如果按10%的平均退税率来计算,退税金总额达24亿多元,但有8亿元的退税金无人领取,而2013年,这一数据超过10亿元。

分析:境外退税规则确实比较烦琐,游客的旅游时间很宝贵,而办理退税要专门花费时间,有些游客来不及就作罢。这就需要境外相关部门能简化退税手续,保护游客的合法利益。

三、应对旅游购物心理的服务策略

随着旅游者的增加,旅游购物热持续升温,了解旅游者的购物心理需求,提供有针对性的服务,是促进销售的有效法宝。

(一)做好商品陈列,激发旅游者的购买行为

商品陈列是一种广告形式,商品陈列设计得好,不仅美化台面,同时还可以达到宣传和推销商品的目的。因为人的心理活动都是由感知引起的,陈列商品以其具体形象作用于旅游者,引起旅游者的兴趣,使他们产生购买行为。生动的陈列可以唤醒消费者的知觉,促使他们做出积极的决策。如橱窗或柜台中的商品要与其背景颜色有明显的区别,这样才使人易于辨认。旅游景区内的商场要注意在布局和格调上和其他设施相协调,重点商品要摆在显要位置,小商品可摆放较多数量,必要时加上灯光照明和其他衬托,这样有利于引起客人注意。橱窗柜台等陈列商品的地方要一尘不染,金银首饰、物器古玩等高档商品陈列处更应保持整齐有序。

(二)要善于接触旅游者

一般来说,旅游者刚一进店,服务人员不可过早热情地打招呼。过早招呼客人会引起客人的戒心,而太迟的反应又往往会使客人觉得服务人员缺乏主动和热情以致失去购买兴趣。因此,商品销售人员必须善于察言观色,通过对旅游者的言行、年龄、穿着、神态、表情等外部特征的观察,经过分析、比较、做出判断,积极主动、有针对性地为客人服务。要善于观察客人的表情与动作,当客人像在寻找什么时,当客人突然停步看某一商品时,当客人长时间凝视某一种商品时,当客人的眼光和自己眼光相遇时,当客人用于抚摸商品时,服务人员应马上微笑着向客人打招呼:"您好""我能帮您做什么"或"欢迎光临"等,加上及时到位的介绍就会形成最佳的促销契机,这也是接触客人的最佳时机。如对于目光集中、步幅轻快、迅速地直奔某个商品柜、主动提出购买要求的客人,服务人员要主动热情接待,动作要和客人"求速"的心理相呼应,否则客人容易不耐烦。

特别提示

旅游者是由不同性格、不同阶层、不同性别、不同文化背景的人组成,他们的购物心理和行为是不同的。旅游服务人员在进行旅游产品的销售活动中要多观察,多分析。

(三) 做好商品包装

精美的包装能够吸引购物者的注意,激发他们的购物动机,因为人们在购物时首先看到的是商品的包装而不是商品的本身。现在,包装已成为美化商品、宣传商品和推销商品的必要手段,精美的包装就像是商品的一位无言的推销员,它会为商品锦上添花。在香水行业有这样的一句话:"设计精美的香水瓶是香水最佳的推销员。"特别是对于旅游者来说,他们更喜欢美观而富于艺术性的商品。

图 6-2 安妮苏香水

(四) 运用多样化的销售形式

旅游者对旅游购物的兴趣不仅仅在购物本身,更在于追求消遣性活动,寻求新的经历。因此商品销售形式除了柜台式、开放式外,还可以结合生产、娱乐等形式,以丰富购物服务的内容,常见的销售形式主要有以下几种:

1. 现场制作式

对于就地取材生产的富有当地特色的一些手工艺品,可以适当地组织人相对集中地进行生产制作,让旅游者观看生产过程,在现场购买,甚至指导旅游者亲手制作,例如制作陶瓷制品、扎染织品等,从而丰富了购物的形式。

2. 知识讲座式

可在购物前,为客人举办一个小型的知识讲座,对商品的成分、性能、特点、使用方法、辨别方法等一一做介绍,并现场示范,帮助客人对所购商品加深了解,从而促进购买。

3. 表演式

具有极浓郁的地方或民族特色的商品,可以通过歌舞表演等形式进行推介,以加深客人对商品的认识,从而产生购买的欲望。

总之,做好旅游购物服务工作不仅能为旅游行业带来经济创收,而且对旅游事业的发展也有很大的促进作用。因此,作为旅游商品的服务人员一定要掌握旅游者的购物心理,做好购物商品服务。

闯关考验

一、填空题

1.旅游活动的关键是_____。

2.旅游者在外出旅游中心理特征是_____、_____、求守信用的心理、_____。

3.旅游者对旅游交通的基本心理需求有_____、求快捷的心理、_____、_____。

二、判断题

1."景色美不美,全凭导游一张嘴",充分说明具备较好的语言表达能力是做好导游服务工作的关键。　　　　　　　　　　　　　　　　　　　　(　　)

2.旅游者在旅游过程中的不同阶段表现出不同的心理,导游员要根据旅游者不同阶段的心理,有的放矢地提供服务。　　　　　　　　　　　　　(　　)

3.要提高旅游交通服务的质量就必须加强交通服务的软件建设,培养具有良好职业心理素质的服务人员。　　　　　　　　　　　　　　　　　　(　　)

三、简答题

1.你认为作为一名优秀的导游员需要具备什么样的素质?

2.如何满足旅游者对旅游交通的心理需求?

3.旅游者进行购物的动机有哪些?

4.旅游商品销售中为激发旅游者的购买欲望,可以采取哪些有效措施?

四、实训题

将学生分成若干个组,设置一定的场景,模拟导游,处理服务游客过程中发生的情况。

项目七　饭店,供给旅游能量的加油站

穿针引线

```
饭店,供给旅游能量的加油站
├── 说说前厅服务心理
│   ├── 游客对前厅服务的心理需要
│   │   ├── 求尊重的心理
│   │   ├── 求快捷的心理
│   │   └── 求亲切的心理
│   └── 提供优质的前厅服务
│       ├── 美化环境
│       ├── 注重言行仪表
│       └── 服务周到
├── 说说客房服务心理
│   ├── 游客对客房服务的心理需要
│   │   ├── 求干净整洁的心理
│   │   ├── 求安静的心理
│   │   ├── 求安全的心理
│   │   └── 求尊重的心理
│   └── 提供优质的客房服务
│       ├── 保持客房设施干净、功能完好
│       ├── 服务要注意细节、周到热情
│       └── 尊重游客
└── 说说餐厅服务心理
    ├── 游客对餐厅服务的心理需要
    │   ├── 求清洁卫生的心理
    │   ├── 求饭菜可口的心理
    │   ├── 求快捷的心理
    │   ├── 求知识的心理
    │   └── 求尊重的心理
    └── 提供优质的餐厅服务
        ├── 保证餐厅及饭菜卫生、干净
        ├── 提供丰富的饭菜
        ├── 服务速度适中
        ├── 掌握丰富的知识
        └── 尊重游客
```

学习目标

1. 了解游客对前厅服务的心理需要,掌握前厅服务的对策;
2. 了解游客对客房服务的心理需要,掌握客房服务的对策;
3. 了解游客对餐厅服务的心理需要,掌握餐厅服务的对策。

项目概览

本章主要从旅游服务工作的角度出发,探讨了旅游者在旅游饭店不同场合中的心理特点及需求,着重分析旅游业从业人员应怎样在前厅、客房、餐厅为客人提供优质的服务,不断适应发展变化着的旅游者的需求,使旅游饭店成为人们旅游活动中的加油站。

任务一 说说前厅服务心理

情境设计

游客对旅行社在香港安排的路线以及张伟的服务都很满意。到了澳门,正好赶上旅游旺季,虽然旅行社在酒店安排了住宿,但是由于轮船晚点,酒店提前将余下的部分客房安排给了其他客人。当张伟带领客人到达酒店时,客房已经不够了。酒店积极进行协调,可以安排一部分客人住到其他酒店,或者在酒店加床,但是旅游团的客人不愿意。

根据以上情境,完成下列任务:
1. 如果你是张伟,你会怎么办?
2. 在酒店前厅服务中,有哪些注意事项?

任务分析

前厅是饭店的门面与窗口,是游客与饭店最初接触与最后告别的部门。前厅接待服务处于饭店服务工作的第一阶段,从游客步入饭店、办理好住店手续、进入到房间,直到把游客的行李送到客房,其所用的时间虽然很短,但它却影响着游客对饭店的"第一印象"。

知识讲解

一、游客对前厅服务的心理需要

（一）求尊重的心理

游客远途而来，一踏进饭店就希望获得尊重。在前厅，他们期望自己是受欢迎的，期望能受到服务员热情的接待，看到的是笑脸、听到的是礼貌友好的问候，期望服务人员能仔细解答自己的疑问，且能够耐心倾听自己的意见、要求。这就要求前厅服务人员微笑服务、主动问候、热情真诚、耐心细致，以满足游客求尊重的需要。

（二）求快捷的心理

游客经过旅途奔波的辛劳，渴望能够尽快休息。因而，焦虑、急切的心理表现得明显。而前厅服务的接待及入住登记又需要一定的时间，行李接运也需要一定的时间，因此，前厅服务人员要提前做好充分准备，在服务过程中尽量不使游客烦躁，操作要快、准、稳。游客离店时的心理也与来店时的心理相同。因此，结账员在结账时要快捷、准确，做到"忙而不乱，快而不错"。

（三）求亲切的心理

游客到一个陌生的地方，既有陌生与不安的心理，又对这个地方的风土人情、交通状况、旅游景点充满了好奇心。他们希望获得亲切、热情的接待，从而快速消除初到异地的紧张与不适感。同时，又希望前厅服务员能提供些当地的信息。

小知识

微笑的力量

我国古代就有"非笑莫开店"这样的俗语，微笑能使客人产生好感，给企业带来财富。其貌不扬的日本推销员原一平就是以他最纯真、最甜美、最令人倾心的微笑征服了客户，被人们誉为"推销之神"。

希尔顿饭店集团是世界上规模最大的旅游饭店之一。其成功秘诀中最重要的一条，就是服务人员"微笑的影响力"，希尔顿饭店的微笑服务饮誉全球。已故的希尔顿集团公司董事长康纳·希尔顿年轻时接受其母亲的忠告，找到了一种简单易行、不花本钱、行之持久的"法宝"——微笑。在他从业的50多年里，无论到分设在哪个国家的希尔顿酒店视察，对上至总经理，下至一线各级员工问得最多的一句话，就是："今天你对客人微笑了没有？"

日本最大的饭店之一新大谷饭店，也提出了"微笑是打动人心弦最美好的语言""微笑是通往全世界的护照""笑脸相迎将使你们的工作生辉"等口号。所以,作为旅游服务人员,应该牢记康纳·希尔顿先生的一句比喻:"如果饭店里只有一流的设备而没有一流的服务员的微笑,正好比花园里失去了春天的阳光和风。"

二、提供优质的前厅服务

做好前厅服务工作,是整个饭店服务成功的关键。旅游服务易受到"首因效应"和"近因效应"的影响,因此前厅服务人员必须重视对游客的接待和送别服务,给游客留下良好的第一印象和最后印象。做好前厅服务要注意以下几方面:

(一)美化环境

游客对饭店的第一印象首先来源于游客对饭店的感性认识。而第一印象的形成,将在很大程度上影响他对饭店的整体印象。游客进入饭店,最先感知到的就是饭店的前厅环境。饭店前厅是整个饭店的脸面,美好的前厅环境,将使游客感到愉快、舒畅。

图 7-1 酒店大厅

饭店前厅的环境设计既要有时代特色,又要有地方民族特色,要以满足游客的心理需要为设计的出发点。一般情况下,前厅光线要柔和,空间宽敞,色彩和谐高雅,景物点缀、服务设施的设立和整个环境要浑然一体,烘托出一种安定、亲切、整洁、舒适、高雅的氛围,使游客一进饭店就能产生一种宾至如归、轻松舒适、高贵典雅的感受。前厅布局要简洁合理,各种设施要有醒目、易懂、标准化的标志,使游客能一目了然。前厅内的环境和设施要高度整洁,温度适宜,这也是对前厅的最基本要求。

 **特别提示**

前厅环境应布局合理,并应放置醒目的标志牌。醒目的标志牌让客人一进入大厅就一目了然,以适应和满足客人求方便、快捷的心理。标志牌设置应与整体布局构成和谐的统一美。

(二)注重言行仪表

前厅服务员的言行仪表要与环境美协调起来。言行仪表是人精神面貌的外在体现,是给游客良好印象的重要条件,也是为游客营造美好经历的一部分。服务员的语气要诚恳、谦和,语意确切、清楚,语音悦耳动听。要熟练地使用各种礼貌用语,避免使用游客避讳的词语。服务员的行为举止要大方、得体、优雅,在与游客打交道的过程中要热情主动、端庄有礼。另外,前厅服务员的相貌要求比较高,要身材挺拔、五官端正、面容姣好;衣着整洁挺括,具有识别性,使游客容易区分。服务员的化妆要淡雅,不能穿金戴银,这是角色身份决定的,也是对游客的一种尊重;相反,穿着打扮过于华丽,饰品贵重,与服务身份不符。

 **特别提示**

门童每天都要面对无数进出的客人,有住店的、离店的、用餐的、开会的、参观的、访友的、接人的,要了解每一个客人的动向不太可能,但作为客人抵达饭店后接触的第一个服务环节,离开饭店的最后一个服务环节,由于首因效应和近因效应的关系,其服务对客人的影响非常大。因此,门童不仅要规范服务,更要尽可能地了解客人的特点,针对不同的客人,给予适宜的恰到好处的问候和服务。比如,对提行李进店的道一声"欢迎光临",对带行李出店的说一声"欢迎下次再来",对外出的道一声"您慢走",对归来的说一句"您回来啦",对探亲访友的说一声"请进"或"请里面等",对携带老人或小孩进店用餐、娱乐的,除了道一声"欢迎"外,还应主动地帮助指点行走路线等。

(三)服务周到

前厅接待服务工作的内容包括:预订客房、入住登记、电话总机、行李寄存、贵重物品及现金保管、收账、结账以及建立和保管游客档案等。前厅服务要做到准确、高效,力求万无一失,才能使游客感到方便、舒适和周到。周到性的服务体现在很多方面,比如为游客开关车门、运送行李、回答询问、预订客房等。只要游客说出他的要求与愿望,其他的事由服务员来做。为了使服务周到,保证饭店前厅的工作质量,很多饭店在大厅里设有大堂经理,用来处理各种日常和突发事件,解决游客遇到的各种难题,协调各方面的关系,或者处理游客的投诉等。这样,既使问题得到快速解决,也使游客感到饭店对工作的重视,同时也体现出饭店对游客的关心和尊重。

特别提示

第一把金钥匙:宾客就是上帝。
第二把金钥匙:微笑。微笑是一种各国宾客都理解的世界性欢迎语言。
第三把金钥匙:真诚、友好和热情。
第四把金钥匙:提供快速敏捷的服务。
第五把金钥匙:文明、礼貌的语言。
第六把金钥匙:佩戴好服务名牌。
第七把金钥匙:仪容仪表要端庄、大方、整洁。
第八把金钥匙:员工间互助合作。
第九把金钥匙:用尊称向宾客问候。
第十把金钥匙:熟悉自己的酒店及相关信息。

任务二　说说客房服务心理

情境设计

在澳门旅游的第二天,大家游览结束回到饭店休息,刚安顿好游客,一位中年女游客怒气冲冲地到前台,要投诉客房部。原来,早上出发的时候,女士要求楼层服务员为其房间加一卷卫生纸,但这位服务人员只将这项要求写在了交班记录上,并没有与交接班的服务人员特别强调。结果,换班的服务员看到卫生间有纸,并未再加。因此,这位游客回来后勃然大怒。

根据以上情境,完成下列任务:
1.如果你是客房服务员,你会如何处理此事?

2.客房服务中需要注意哪些问题?

任务分析

客房是游客在饭店的主要活动场所,用来满足游客休息的需要。根据游客对客房服务要求的心理,有针对性地采取主动和有效的服务措施,能使游客感到亲切、舒适和愉快。

知识讲解

一、游客对客房服务的心理需要

(一)求干净整洁的心理

游客到客房最先关注的是房间的卫生状况。客房的各种用具是千人使万人用的,所以游客希望客房的用具是清洁卫生的,特别是对那些容易传播疾病的用具,如茶杯、马桶、拖鞋等,他们希望酒店能严格消毒,以保证干净卫生。

(二)求安静的心理

客房的主要功能是用于游客休息,客房环境的宁静是保证这一目的实现的重要因素。白天的旅游活动可能会让游客比较累,所以游客都希望客房环境保持宁静,给人舒服、高雅的感觉。

(三)求安全的心理

游客是把外出旅游期间的安全放在首位的。游客在饭店需要的安全感包括财产和人身安全两方面。游客在住宿期间,希望自己的人身与财产得到安全保障,能够放心地休息和工作。他们不希望自己的钱财丢失、被盗,不希望自己的秘密被泄露出去,不希望发生火灾、地震等意外事故。

(四)求尊重的心理

游客住店,希望自己是受服务员欢迎的人,希望看到的是服务员真诚的微笑,听到的是真诚的话语,得到的是热情的服务;希望服务人员尊重自己的人格、尊重自己的生活习俗,希望真正体验到"宾至如归"的感觉。

 热点透视

高星级饭店"客房送餐"服务质量表现

在很多影视剧中,为体现高星级酒店的舒适性,往往都安排有客房用餐的场

景。彬彬有礼的服务员推着精心布置好的餐车,轻轻敲响房门,优雅地为客人摆放好餐具,礼貌地问候和道别,可以说客房送餐服务几乎成了高星级酒店的标志性象征之一。

送餐服务是根据客人要求在客房中为客人提供的餐饮服务,是四五星级饭店为方便客人、增加收入、体现酒店等级和品位的特色服务,也是酒店星级评定所明确的服务项目。

根据和泰盛典"饭店服务质量暗访检查"的数据显示:高星级饭店送餐服务的得分率有下滑的趋势,五星级与四星级得分率在2010—2011年起伏较大,从2012年开始逐年下滑。送餐服务一般要做到菜单精美准确、菜品品质符合要求、餐具搭配合理美观、送餐工具规范且维护保养到位、服务流程规范等。然而,在现实中,送餐服务却存在着一些不尽如人意的地方,如送餐速度慢、餐具回收不到位、服务规范不到位等问题。

分析: 客房送餐服务表现不尽如人意的共性问题主要体现在以下几个方面:

1.服务员对菜单内容不熟悉,也不了解菜品的风味、烹调方法、配料等。一些酒店把新来的服务员安排在这个岗位,这是对送餐服务所蕴涵的品质要求不理解、不重视所致。点餐是一个互动交流与合理推荐的过程,是整个送餐服务的第一道风景线。如果点餐服务不到位,后续服务将直接受到影响。

2.未主动告知预计的送餐时间,通话完毕,未能向宾客致谢。这类问题体现出服务标准执行不到位和员工岗位培训不足,也更深层次地反映出员工的非职业性。

3.未告知送餐托盘或推车回收程序。有些酒店餐具回收流程涉及跨部门合作,往往成为管理上的短板,餐具回收不及时导致餐具遗失或剩菜存放过久,从而造成服务品质下降、客人满意度降低。

4.菜品没有保温措施,菜品不佳。送餐除了本身的菜品外,送餐服务中的保温措施显得尤为重要,保温措施不到位将直接影响客人的体验感。因此,菜品和保温是客人非常在意的服务点。俗话说:想要留住客人,请先留住他的胃。

资料来源:http://res.meadin.com/HotelData/110491_1.shtml.有删改

二、提供优质的客房服务

(一)保持客房设施干净、功能完好

客房每天都要进行清洁整理,包括及时清理客用垃圾,按照饭店或是游客的要求更换床单被褥及其他日用物品。服务员清理客房时,必须保证客房及各种设施、用具的卫生。即使是空房间,也要时刻保持清洁,准备迎接游客。服务员可以采取一些措施来增加游客心理上的卫生感和安全感。比如,抽水马桶在清理后贴上"已

消毒请放心使用"的标志,在茶具、刷牙杯子上罩上印有"已消毒请放心使用"字样的纸袋等,这些措施能起到一定的心理效果。

客房的所有设备是完好的,才能供游客使用。这要求服务员平时要加强对设备的保养和检查,具有吸收和应用新技术的能力,遇有损坏要及时维修,以确保客房使用功能的完整性。

图7-2 海景房

(二)服务要注意细节、周到热情

首先,服务员要给游客提供安静的休息环境,要做到"三轻"——走路轻、说话轻、操作轻,并以自己的言行去影响那些爱大声说笑的游客,用说服、暗示等方式引导游客自我克制,放轻脚步,小声说笑。

其次,服务员没有得到召唤或允许,不能擅自进入游客房间,有事或进行清扫服务前要先敲门,清扫时不能随意乱动游客的物品,不能随便向外人泄露游客的一切情况。

再次,服务员帮助游客消除陌生感、拘谨感和紧张感,使其心理上得到满足和放松。服务员要精神饱满,面带微笑,语言亲切,态度和蔼,最大限度地消除游客的陌生感、距离感等不安的情感,缩短游客与服务员之间的距离,增进彼此的信赖感。

最后,服务要周到热情。服务员要主动迎送,主动引路,主动打招呼,主动介绍服务项目,主动照顾老弱病残游客等。服务员要在最短的时间内提供游客所需的服务,并做到细致入微。这要求服务人员要善于了解游客的不同需要,采取有针对性的服务,根据每个游客的需要、兴趣、性格等个性特点,确定合适的服务方式。

(三)尊重游客

在服务过程中,服务员要时刻尊重游客,要以尊重的态度为游客提供满意的服务。首先,语言上尊重游客。对游客使用尊敬的称呼,例如:记住游客的姓名,并随时使用姓名去称呼他们,这样,一方面可以拉近彼此之间的距离,增加亲切感;另一方面可以显示自己对游客的重视,增加游客受尊重的感受。其次,尊重游客的习俗、生活习惯和信仰。如:西方人忌讳"13",不要给他们安排13层和带有"13"的房间号;港澳一带的商人忌讳住"324"号房,因为"324"按广东话与"生意死"谐音,而他们喜欢"328",因为"328"同"生意发"谐音,所以要避免让他们住324房,而尽量安排328房;信基督教的旅游者正在祈祷时,或者信伊斯兰教的旅游者做"斋月"时,都不要打扰他们。只有尊重游客的风俗、生活习惯,游客才会对服务感到满意。

小知识

语言的艺术

在工作中千万别这么说:
1. 还要什么?
2. 这我可受不了。
3. 不行。
4. 不可能。
5. 绝对不可以。
6. 那是你的事儿,不是我的事儿。
7. 人家可不是雇我来干这个的。
8. 我不知道。
9. 您以为我专干这事儿。
10. 您自己瞧着办吧。

在工作中最好这么说:
1. 我还能为您做点儿什么吗?
2. 这事我管不了,请您最好……
3. 也许行,不过要等一下。
4. 这事儿,以前还从来没有发生过。
5. 这样的事儿,我们过去从来没有做过,不过为什么不能试试呢?
6. 我们共同研究解决吧!
7. 这不属于我的职责范围,不过我可以为您代劳。
8. 我去问问。
9. 请稍等,我来帮您办。
10. 真不巧,不过要是您能稍等一下……

资料来源:林莉.旅游服务心理学[M].合肥:中国科学技术大学出版社,2012.

任务三 说说餐厅服务心理

情境设计

在澳门旅游的最后一天,午餐安排大家吃海鲜。就餐时,团里的一位李先生提出让服务员王小姐替他剥虾。就餐服务程序中是没有这一项服务的,游客却很固执地说:"我只问王小姐可以不可以为我剥虾?"当时在座的游客都将眼光投向王小姐,一时气氛有些紧张。只见王小姐微笑着端过李先生面前的餐碟,小心细致地用公用刀叉替他剥虾。剥好后,又切成大小均匀的方块,送到他的面前,并说了一句:"希望您满意。"李先生满意地笑了。

根据以上情境,完成下列任务:

1. 王小姐为什么要这样做?
2. 饭店餐厅服务的具体要求有哪些?

任务分析

餐厅服务人员直接接触宾客,为客人提供面对面的服务,他们的一举一动、一言一行都会在宾客心目中留下印象。餐厅的装饰、设施、陈设等都处于静态,唯有身着端庄漂亮工作服的服务人员呈现动态,而动态的事物最容易引起人们注意。作为餐厅服务员要时刻为客人着想,客人提出要求后再为客人服务是被动的,要想真正使客人满意,就要能猜透客人的心思,服务于客人开口之前。

知识讲解

一、游客对餐厅服务的心理需要

餐厅主要是满足旅游者"吃"的需要。虽然人们常说"外出旅游,别想吃好",但游客对餐厅仍有以下心理需求:

(一)求清洁卫生的心理

俗话说"病从口入",游客对就餐环境及饭菜的卫生要求很严格。新鲜、卫生的食品是防止病从口入的重要环节,只有当游客处在清洁卫生的就餐环境中,才能产生安全感和舒适感。

（二）求饭菜可口的心理

游客就餐时希望餐厅能够提供符合个人口味的食物。老年人希望吃上不太硬、易消化的可口食物，中青年游客希望吃上香脆的食物；外国游客则希望吃上符合自己习惯、适合自己口味的食物。总之，游客希望餐厅供应的饭菜品种齐全，可供他们选择。

（三）求快捷的心理

旅游者希望到餐厅就餐时，餐厅的服务是快速高效的，希望很快吃到自己所点的饭菜，在就餐中得到服务员快速、优质的服务。如果是急着赶火车、飞机的游客，则希望餐厅能给予优先照顾，能迅速地结账。

（四）求知识的心理

游客希望自己在品尝异地的风味食品的同时，还能了解异地食品方面的知识。他们希望了解当地菜肴的名称、来历、特色、对身体的益处等知识，以满足他们追新猎奇的心理需要。如到云南旅游的游客总希望在品尝云南的风味菜时，还可以通过这些菜了解到云南各少数民族的风情。

（五）求尊重的心理

旅游者希望自己受欢迎、受尊重，希望服务员热情接待，不希望到餐厅受人冷落、嘲笑。如服务员不停地向穆斯林游客推荐本店的招牌菜"红烧肘子"时，就会引起游客的强烈不满，甚至发生冲突。

 最新动态

多条禁令明令禁止饭店设"最低消费"

包厢设最低消费、收取餐具消毒费、禁止自带酒水……多年来，餐饮业坚守多条"霸王条款"，饱受诟病。

2014年11月1日，商务部和国家发改委联合发布《餐饮业经营管理办法（试行）》，其中明令禁止餐饮经营者设最低消费。可在刚刚过去的春节假期，"最低消费"成了消费投诉的热点之一，部分饭店仍我行我素。

二、提供优质的餐厅服务

（一）保证餐厅及饭菜卫生、干净

为了满足游客求卫生、干净的心理要求，餐厅要提供消毒的免费餐具。服务人员的双手、工作服、工作毛巾等一定要干净。服务员上菜、汤时，大拇指不能放在菜或汤里,而应当跷起。女服务员不能涂带颜色的指甲油,如果游客看到红色、黑色等颜色的指甲上有缺口,就会怀疑是否掉到他的菜或汤里了,这样会使他觉得饭菜不卫生。破损的餐具应该停止使用,如果把色、香、味、形俱全的饭菜盛到一只有破损的盘子里,会影响游客对饭菜的评价。送菜上桌前一定要检查下菜中是否有杂物,如头发丝、小虫等,汤盆、菜盘边上如有溢出的汤或菜汁的污迹应当擦干净再送出,否则游客会认为不干净。

图7-3 全日餐厅

(二)提供丰富的饭菜

游客口味因人而异,千差万别,这就要求餐厅能够提供丰富的食物来满足不同游客的需求。日本人餐前餐后都喜欢喝一杯茶,尤其喜欢喝绿茶,早餐喜欢喝粥,晚餐喜欢吃点小菜,如榨菜、酱萝卜等。他们喜欢吃海鲜,但不喜欢吃内脏、羊肉。吃西瓜时,喜欢在西瓜上撒些盐。美国人饮食保守,喜欢吃口味清淡的猪排、牛排、鸡蛋,喜欢吃烤、煎、炸等酥脆的食物,他们对鱼类及山珍海味不大喜欢吃,特别不敢吃猫、蛇等野味,喜欢吃青蛙。在接待中就应根据他们的需求,推荐适合他们口味的菜肴,让他们吃得好。还要注意记住游客对食物烹调的不同具体要求,以适应游客的口味。如同样要一盘牛排,有的外国旅游者可能要二分生八分熟,有的则要八分生二分熟或六分生四分熟。同样,早餐要鸡蛋,有的旅游者可能要"嫩煮",有的可能要"老煮";有的要单面煎,有的要双面煎。

(三)服务速度适中

游客一进餐厅就要及时安排他们就座,并送上茶水、水杯等。对一些胆汁质的急性子的游客可以介绍一些上菜较快的菜。游客等饭菜时会觉得很无聊且感觉时间过得很慢,服务员要想办法使游客不觉得无聊,如游客到来后,可以先端上小菜,游客边喝茶边吃小菜边聊天,就不会觉得时间过得慢了。当一些商人在晚上宴请游客,边吃饭边谈生意,言谈十分投机,甚至忘了吃饭时,服务员上菜的速度可以放慢些。如果游客话不投机,就要加快上菜的速度。

(四)掌握丰富的知识

餐厅服务人员要熟练掌握本餐厅的特色菜和当日供应的每个菜的名称由来、用料、作料、烹调制作方法以及对身体的益处等信息,以便游客点菜、上菜时向游客介绍,并能及时回答游客的疑问。

(五)尊重游客

满足旅游者求尊重的心理,需要注意以下几点:

1.在引领和安排座位时满足游客的自尊心

游客一踏进餐厅,服务人员就要热情地引领他们到适合的位置上。切忌无目的地带着游客乱转,这样做,游客会感觉到自己被"怠慢",对餐厅留下不好的第一印象,使他们对餐厅失去信心,导致对食物或服务的挑剔,给餐厅带来不必要的损失。如果是一对青年情侣或夫妇来就餐,应当把他们引领到餐厅的角落或较安静的地方就座。如果是穿戴时尚的顾客,就要把他们引领到显眼的地方,这样既可以使人心满意足,同时,又使整个餐厅增添了华贵的气氛。如果是没有右臂的游客进来时,就要把他引导到右墙边的座位,这样可以使其他游客看不到他的缺陷,满足游客自尊的需求。

2.接待过程用语礼貌、大方得体

游客进入餐厅时服务员应主动问好,对单独一个人的顾客不要问"只有一个人"或"单独一个人"之类的话。如果游客到来后一时找不到座位,一定不要带游客到未收拾干净的桌子旁。也不要说"没有位置了""你的桌子没有准备好"。而应当让他稍等片刻,或领他到一张尚有人吃饭的桌子旁边坐下,说一声:"先生,我们马上给您准备好桌子。"这样做,游客会觉得自己是很受重视的。

3.在操作时应尊重游客

服务员送食物上桌时,一定要做到轻放,尽量不发出响声,如果"砰"的一声放在桌子上,会引起游客的反感。在宴席分菜、倒水时,应该先游客后主人,先老人后青年,先女后男,先小孩后大人。上菜时不要弄脏游客的衣物。要注意尊重游客的生活习俗和忌讳。如果有海员就餐时,不要将他们正在吃的鱼翻转。因为海员长年漂泊在海上,最担心的事莫过于翻船,"翻"对他们来说是最忌讳的。如果有港澳、华侨游客办婚宴或寿宴时,注意不要打碎东西,或筷子掉落地上,否则会被认为是不祥的"兆头"。倘若有人不小心把碗碟打碎了,如果游客是港澳地区的,可以说一句"落地开花,富贵荣华",然后赶紧把破碎的碗碟清理走,这样也可以使游客情绪大为好转。如果有游客在参加寿宴时,不小心把筷子掉在地上,就可以赶紧说一句"筷落、筷落","筷落"与"快乐"的谐音相似,这样,游客不会因筷子的落地而影响情绪。

4.尊重生理上有缺陷或出现差错的游客

在进餐过程中,游客不小心碰翻酒杯、打碎餐具是常有的事,碰上这种情况,服务员应马上去帮助游客摆脱困境。特别是在宴席上,游客不小心碰翻酒杯,倒了一桌面的酒水,游客会觉得很失礼、很尴尬。服务员这时候如果讲一些安慰的话打圆场,并立刻清理好桌面,帮助游客恢复常态,游客心里会十分感激。广东宴席中,在吃螃蟹或者吃白灼海虾时,一般会在餐桌上放一个盛着菊花水或茶叶水的洗手指盅,供游客用手拿食物后洗手指之用。一般送上桌时服务员应清楚地向游客交代是洗手指用的。如果看见有游客将其错当茶水喝下去时,千万不能发笑,最好的做法是装作没有看见,然后悄悄把空洗手指盅撤下,尽量不惊动周围的游客。

闯关考验

一、填空题

1.＿＿＿＿＿是饭店的门面与窗口,是游客与饭店最初接触与最后告别的部门。

2.客房服务员要给游客提供安静的休息环境,要做到"三轻":走路轻、说话轻、＿＿＿＿＿。

二、判断题

1.受到"首因效应"和"近因效应"的影响,前厅服务人员必须重视对游客的接待和送别服务,给游客留下良好的第一印象和最后印象。（   ）

2.游客对饭店的第一印象首先来源于游客对饭店的理性认识。（   ）

3.游客到客房最先关注的是房间的卫生状况。（   ）

三、简答题

1.旅游者对前厅服务的心理需要有哪些?

2.如何提供优质的客房服务?

3.在餐厅根据旅游者求尊重的心理,如何做好服务工作?

四、实训题

将学生分成若干个组,模拟酒店各部门服务人员,设置一定的场景,处理服务游客过程中发生的情况。

项目八　投诉,疏导客我矛盾的通道

穿针引线

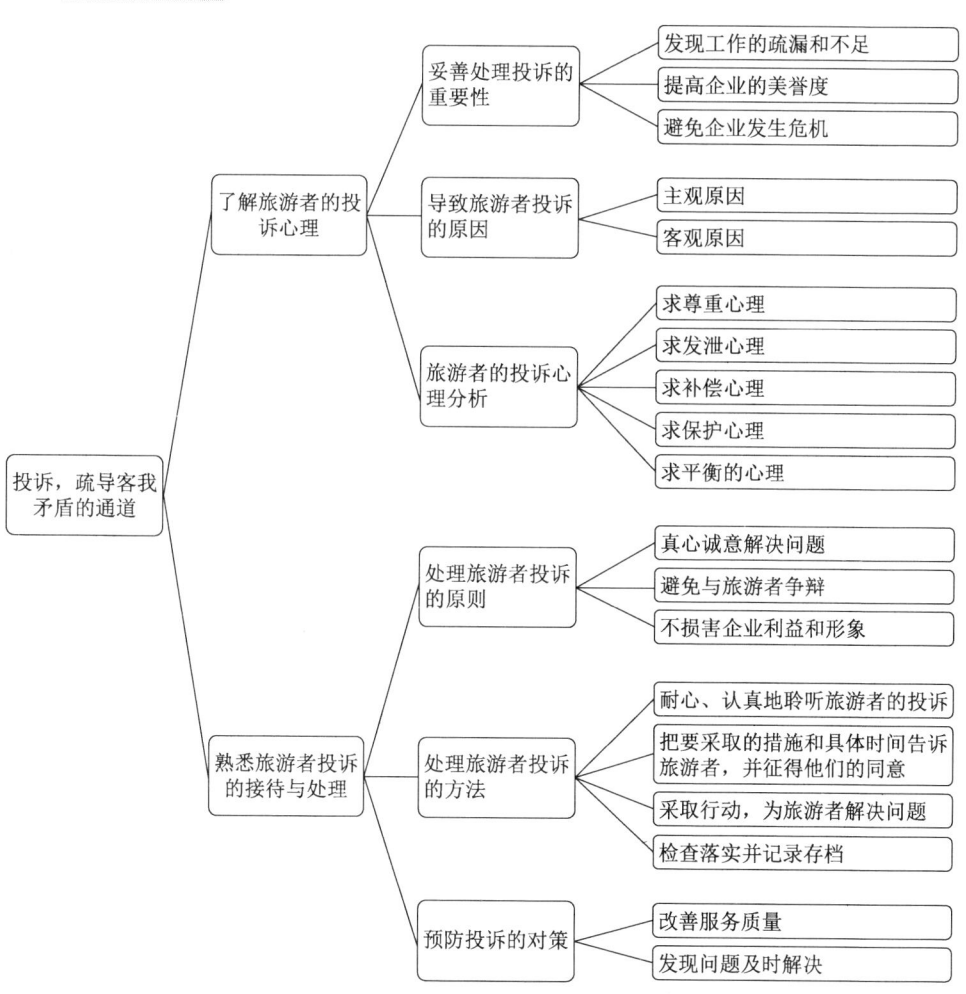

学习目标

1. 了解妥善处理旅游者投诉的重要性；
2. 掌握旅游者投诉产生的原因和旅游者的投诉心理；
3. 掌握预防投诉的对策；
4. 掌握处理旅游者投诉的能力。

项目概览

在旅游服务过程中出现偏差是不可避免的，当这种偏差损害了旅游者的利益，使他们没有得到预期的满足时，对提供旅游服务的人员而言，这就是工作的失误。这种情况的出现，会引发旅游者的不满情绪，旅游者只有通过合理的投诉渠道，才能使矛盾得到有效的疏通。

任务一　了解旅游者的投诉心理

情境设计

张伟带团港澳之行，有1天的自由行时间，团队的王先生和家人在一天的游玩结束之后到酒店的西餐厅就餐，用餐后王先生要求结账。而此时的服务员正在聊天，听后很不情愿地走过去。王先生问："我可以用昨天抽奖得到的消费券吗？"服务员不冷不热地说："可以。"王先生又问："能用几张？"服务员很不耐烦地说："不知道，我去问销售部。"王先生对服务员的态度很不满，怒斥了服务员，双方发生了争执，王先生要投诉服务员。在不远处用餐的张伟看到了这一切。

根据以上情境，完成下列任务：

1. 王先生为什么要投诉？
2. 作为导游，张伟应该怎么做？

任务分析

投诉是旅游者保护自己合法权益的一种方式。旅游者的投诉虽然会对旅游企业的声誉造成一定的影响，但也促使旅游企业改进工作，避免出现更大的损失。世界著名的里兹酒店有一条1∶10∶100的黄金管理定理，意思是说若在旅游者提出问题当天就加以解决,所需成本为 1 元,拖到第二天解决则需 10 元,再拖几天则可能需要 100 元。所以酒店必须要了解旅游者的真实感受,旅游者对酒店满意和不满意的地方。酒店对投诉事项处理妥当,会使旅游者成为酒店的回头客。

知识讲解

一、妥善处理投诉的重要性

(一)发现工作的疏漏和不足

旅游企业理应向宾客提供优质服务,但也难免由于设备设施故障、服务项目不尽如人意、个别服务人员技能或态度差等自身原因被旅游者投诉。投诉虽然反映了旅游者的不满,但从另一个角度也说明了他们是对企业寄予期望的,企业应将这看成是了解服务和管理的弱点、漏洞和不足的机会,有针对性地采取措施改进。

(二)提高企业的美誉度

旅游者投诉时,往往还有一些其他旅游者在场,妥善得当地处理投诉,会改善人们对企业的印象。投诉者一旦获得满意的结果,就会对旅游企业加深感情,这一切将有利于提高企业的美誉度。但是如果处理不当,就会使投诉者和其他旅游者产生不满情绪,对该旅游企业产生消极评价。

(三)避免企业发生危机

面对旅游者的投诉企业要以积极的态度,采取有力措施解决问题。如果企业对旅游者的投诉不重视,推来阻去,处理结果也不能被旅游者接受,那么旅游者的投诉就会不断升级,会给企业形象造成恶劣影响。

二、导致旅游者投诉的原因

(一)主观原因

主观方面的原因主要表现为不尊重旅游者和工作不负责任。

1. 不尊重旅游者

服务员不主动为旅游者提供服务,且态度冷淡,会引起旅游者的反感。如服务员说话没修养,冲撞甚至羞辱旅游者,不尊重旅游者的风俗习惯等,都会引起旅游者的投诉。

2. 工作不负责任

服务员在工作时粗心大意,没有完成旅游者交代的事情;损坏或遗失旅游者物品;清洁卫生工作马马虎虎;食品用具不干净,等等,这些不负责任的行为都会引起旅游者投诉。

最新动态

中消协:2014旅游投诉1701件 合同不公等成热点

随着消费水平的提高,旅游消费成为大众消费的重要组成部分,与此同时旅游市场中的消费争议也时有发生。据中国消费者协会发布的《2014年旅游消费维权报告》显示,全国消协组织2014年受理旅游服务直接投诉量达1701件,旅游合同不公平、旅游购物问题多、旅游骗局等成为投诉热点。

在旅游合同投诉方面,报告显示,有的旅行社为了吸引顾客,在宣传时给出各种优惠或者"噱头",但是廉价的背后往往存在景点缩水、时间缩水、服务质量降低等侵害消费者权益的现象。

报告称,国内旅行团违规安排购物的问题也较为常见。在旅游景点或旅游行程安排的购物活动中,商品出现以次充好、价格虚高等现象,特别是宝石玉器、珍珠水晶、药材、保健品、工艺品等商品问题较突出。

报告显示,"零团费""负团费"等低报价旅游骗局也是一大投诉热点。消费者被低价所吸引,陷进不法旅行社设置的圈套,最后可能不仅花费多而且旅游质量无保障。

与此同时,报告指出了我国旅游市场整体上更多需要解决的问题。其中涉及旅游产品单一、同质化现象严重,旅游经营行为不规范、导游人员素质参差不齐,旅游景点(景区)超出接待能力、节假日人满为患等方面。

报告认为,随着我国从"服务经济"进一步提升到"体验经济",旅游市场呈现出一些新的特征与趋势,包括:旅游消费需求多样化,高质量多样化选择的产品受到更广泛的欢迎;在出境入境游方面,出境游仍是热点;在线旅游商加速扩张,消费者选择余地增多等。

另外,中国消费者协会提醒广大旅游消费者,应选择正规旅行社,并查看"三证一险",且应客观对待旅游广告,谨慎签订合同。另外,最好购买旅游意外保险,降低出游意外损失,发生纠纷时先确保人身财产安全再维权。

资料来源:马榕.中消协:2014旅游投诉1701件 合同不公等成热点[EB/OL].中国新闻网,2015-03-15.http://www.chinanews.com/cj/2015/03-15/7130217.shtml.

(二)客观原因

1.设备方面的投诉

在旅游活动过程中设施设备损坏是难免的,如不能及时修复,带给旅游者的可能是不愉快的旅行经历甚至完全打乱旅游者的行程计划。例如,旅游者对空调、照明、供暖、供水、门锁、电梯等设备设施进行投诉,大多和这些设施设备不能正常运转、使用有关。通常,即使饭店采取了全方位、最佳的预防性维修与保养措施,也很难杜绝所有的故障。因此,前台工作人员在受理此类投诉时,最好是协同有关部门的工作人员去实地观察,然后根据实际情况,配合有关部门一起采取措施解决。

2.有关环境的投诉

环境不良造成旅游者投诉,例如饭店的电器设备噪音太大、室内温度不适宜、气味不好,客房、餐厅色彩及照明不宜等;旅游景区旅游者太多造成不便,等等。

3.价格的投诉

饭店的客房、饮食、商品及服务质量不好、收费过高,旅行社又增加新的收费项目等,都会造成旅游者的投诉。

4.其他方面的投诉

旅游活动过程中还有其他方面的问题也容易引起旅游者的不满,导致投诉。如,没有买到预订车票,飞机延误,长时间堵车,离开旅游地时未赶上火车或飞机而滞留当地等;旅游景点关闭无法游览,饭店客满导致旅游者降低星级住宿标准,托运行李丢失,等等。

 **热点透视**

拒绝履行合同受处罚

高女士报名参团到山西等地游玩,在驱车赶往五台山景区时,导游在车上讲自己对当地个别公众人物的看法,并在讲述中掺杂庸俗内容。高女士实在听不下去,就提示导游讲解一下有关五台山的文化内容。导游称讲什么内容自己说了算,不愿听可以下车,并辱骂了高女士。在到达五台山景区入口时,导游未提供给高女士门票,于是高女士上前与导游理论:"我的报团费用包含五台山景区的大门票和景区内环保车费,你应该给我门票。"可是导游并未理会高女士而是带着其他游客进入景区。高女士只好自行购票进入景区。返程后高女士将此事投诉到旅游质监执法机构。

分析:《旅游法》第四十一条规定,导游从事业务活动应当遵守职业道德。《导游人员管理条例》第十二条规定,导游人员进行导游活动时,应当向旅游者讲解旅游地点的人文和自然情况,介绍风土人情和习俗;但是,不得迎合个别旅游者的低级趣味,在讲解、介绍中掺杂庸俗下流的内容。本案中,导游未讲解五台山的人文和自然情况,并在讲解中掺杂庸俗的内容,违反了法律规定,高女士予以提醒是适当的。导游未按照合同约定安排高女士进入景区游览,并拒绝了高女士要求其履行合同的请求,按照《旅游法》第七十条规定,旅行社应该承担违约责任,向高女士做出赔偿;按照《旅游法》第一百条的规定,旅行社及导游应当受到行政处罚。

三、旅游者的投诉心理分析

旅游者在进行投诉时有以下几个方面的心理需要:

(一)求尊重心理

在旅游者投诉行为中,旅游者希望别人认为他的投诉是有道理的,希望有关人员、有关部门重视他们的意见,向他们表示道歉,并立即采取相应的处理措施。

特别提示

酒店里面经常会有常住客人,但是无论员工与客人多么熟悉,都应始终掌握以下两个尺度:一是客人永远是客人。客人住店是付钱的,服务员绝不能因为太熟悉、太了解而放松对他们的服务。相反,越是熟悉就应该服务得越细致、越个性化。无论客人多熟悉,宾主之间的距离一定要保持。二是坚持服务规范和服务标准。长住客人比一般客人容易接近,应该充分利用和他们熟悉的优势,经常主动地向他们了解、征求意见,以便改进服务工作。

(二)求发泄心理

旅游者在遇到不称心的事情后,会产生挫折感,继而会产生抵触、焦虑、愤怒的情绪。只有通过适当的方式将这些情绪宣泄出来,他们才能恢复心理平衡。投诉便是一种最有效的发泄方式,通过口头或书面形式,将自己的烦恼、愤怒表达出来以后,挫折感会减少,心情才能平静、轻松。

(三)求补偿心理

旅游者受到一定损失后,希望通过投诉行为得到相应的补偿。如,旅游者对饭菜质量不满意,希望更换或打折;对于旅行社擅自改变路线、削减项目或降低服务标准,旅游者希望退还部分费用;被服务员弄脏的衣物希望能免费干洗;遇到交通意外,希望得到赔偿;买到假冒伪劣商品,希望退货;被虚假广告欺骗,希望补偿损失等。

(四)求保护心理

旅游者敢于投诉是自我法律保护意识的体现,通过合法的途径投诉,既是为自己,也是为所有的消费者寻求正当利益的保护。通过投诉,使相关部门重视旅游者的反映并不断改进,服务质量才能不断提高,旅游者才能在今后的旅游中得到更优质的服务。

特别提示

随着在线旅游网站的迅猛发展,越来越多的传统旅行社借助网站销售产品,但存在无旅游合同、消费者投诉难、维权成本高等问题。旅游业内人士提醒,网上购买旅游产品风险较大,需谨慎。

(五)求平衡的心理

旅游者在旅游过程中受挫,大都会向有关部门投诉,以发泄怨气,求得心理上的平衡。当旅游者把一腔怨气全部发泄出来以后,情绪就会平息下去,这时再与他们商量补救性的措施,切实解决他们的问题,尽可能让他们满意地离开。

任务二　熟悉旅游者投诉的接待与处理

情境设计

在这次港澳游期间,游客李先生要求有2天自由行的时间,会见他的老朋友,经过张伟协调同意。当旅游活动结束回到郑州后,李先生以其2天没有参团旅游,向质检部门投诉,要求旅行社退回没有花费的费用,维护其合法权益。

根据以上情境,完成下列任务:

1. 导游张伟对哪些问题没有及时处理?
2. 案例中引起李先生不满的原因是什么?

任务分析

对于游客李先生的投诉,旅行社有自己的规定,可以向游客解释哪些是可以退的,如门票,哪些是不能退的,如团队餐费。耐心地解释,以求得游客的理解,把问题圆满解决。事实上,即便是久负盛名的旅游企业也无法避免客人的投诉,应当把消极的投诉转变为积极的因素,通过投诉提高服务质量,防止类似的事情再次发生。

知识讲解

一、处理旅游者投诉的原则

(一)真心诚意解决问题

处理旅游者投诉,应理解他们的心情,同情他们的处境,满怀诚意地帮助他们解决问题。只有这样,才能赢得旅游者的信任和好感,才能有助于问题的解决。自己不能处理的事情,要及时转交上级,要有一个引导交接过程,不能使投诉中出现"空白"和"断层"。有些简单的投诉,凡本人能处理好的,就不要推托和转移。否则,将会引起旅游者更多的不满。如果缺乏诚意,即便在技术上做了处理,也不能赢得他们的好感。

 特别提示

"抱怨是金",投诉是旅游者对旅游企业信任的标志,应当正确对待旅游者的投诉。

(二)避免与旅游者争辩

处理旅游者投诉时,即使他们使用了过激的语言和行为,也一定要在冷静的状态下和他们沟通。当旅游者怒气冲冲地前来投诉时,首先,应适当选择接受投诉的地点,避免在公众场合接受投诉;其次,应让他们把话讲完,然后对其遭遇表示同情,还应该感谢他们对工作的关心。一定要注意冷静和礼貌,绝对不要与旅游者争辩。

(三)不损害企业利益和形象

处理投诉时要真诚为旅游者解决问题,保护他们的利益,但同时也要注意保护旅游企业的合法利益,维护企业的整体形象。不能只考虑满足旅游者一方的利益,而给企业造成一定的损失,更不能损害或诱导旅游者抱怨某一部门,贬低他人,推卸责任,使旅游者对旅游企业的整体形象产生怀疑。

二、处理旅游者投诉的方法

(一)耐心、认真地聆听旅游者的投诉

聆听旅游者投诉时可以通过提问的方式来弄清症结,集中注意力,节约对话时间。

1. 保持冷静

旅游者在投诉时,心中往往充满了怨气,要让他们"降温",不能反驳他们的意见,更不要与他们争辩。对那些情绪激动的旅游者,可以请他们到办公室或其他房间个别听取意见,这样既可以使旅游者平静下来,又不至于影响其他旅游者。

2. 表示同情

设身处地的考虑分析,对旅游者的感受表示理解,可用适当的语言与行为给他们以安慰,从而使其将不满情绪转化为感谢的心情。如使用"谢谢您,告诉我这件事""对不起,发生这类事,我感到很遗憾""我完全理解您的心情"等语言。尚未弄清旅游者投诉的真相时,只能对旅游者表示理解与同情。

3. 充分关心

不应该对旅游者的投诉采取"大事化小,小事化了"的态度,而应该用"这件事发生在您身上我感到十分抱歉"此类的语言来表示对旅游者投诉的关心,并把注意力集中在旅游者投诉的问题上,尽量避免扩大事端。

4. 认真做好记录

边聆听边记录旅游者的投诉内容,不但可以使旅游者讲话的速度放慢,缓和旅游者的情绪,还可以使旅游者确信,饭店对其反映的问题是重视的。同时,记录也是为解决问题提供根据。

(二)把要采取的措施和具体时间告诉旅游者,并征得他们的同意

如果有可能,可让旅游者选择解决问题的方式或补救措施。不能对旅游者表示由于权力有限,无能为力,但也不能对旅游者做出不切实际的许诺。要充分估计解决问题所需要的时间,尽量要告诉旅游者具体时间,不含糊其辞,同时又要留有一定的余地。

(三)采取行动,为旅游者解决问题

这是最关键的一个环节。为了避免问题进一步复杂化,节约时间,不失信于旅游者,表示诚意,必须认真做好这一环节的工作。如果能够立即解决的,应迅速回复旅游者,告诉他们处理意见。对由于旅游服务失误造成的损失,应立即向旅游者道歉,在征得他们同意后,做出补偿性处理。若旅游者投诉的处理超出自己的权力范围,需及时向上级报告。如果暂时不能解决投诉,要耐心向旅游者解释,取得原谅,并请他们留下地址和姓名,以便告知最终处理的结果。

(四)检查落实并记录存档

现场处理完旅游者的投诉,事后还要及时地与他们保持联系,检查、核实旅游者的投诉是否已经圆满地得到解决;并将整个过程写成报告,并记录存档,以利于今后工作的完善。

在处理旅游者投诉的整个过程中,要坚持做到三个不放过:事实不清不放过,

旅游者不满意不放过,责任人员未接受教训不放过。

三、预防投诉的对策

如果旅游者投诉量大,就会降低和损害旅游企业的社会效益和经济效益,因此,在实际工作中一定要减少旅游者的投诉,尽量避免投诉事件的发生。要做到这一点,就要采取相应的措施。

(一)改善服务质量

1. 让旅游者满意

用手去服务,为旅游者提供一切所能提供的服务。当旅游者提出需求的时候,旅游从业者应当以热情的态度接待,通过规范的合乎标准的服务,及时准确地给予满足,保证服务的有效性。

2. 让旅游者惊喜

用心去服务,为旅游者提供个性化服务,让他们从满意达到惊喜。要进一步提高旅游者的满意度,就必须向他们提供个性化的服务,挖掘他们的潜在需求,并且在旅游者提出之前及时识别他们的潜在需求,这样才会给旅游者惊喜。

3. 让旅游者感动

用情去服务,让旅游者的生理感受和心理感受都超出预期值,达到双满意。这是在提供个性化服务的基础上提升旅游者满意的层次,用超值服务感动他们,用情感服务打动他们,这一层次是第一、第二层次的延伸和升华。让旅游者心动,就必须要用情服务,在服务过程中,时时处处动之以情,想旅游者所想,急旅游者所急,用亲情交换亲情,以心灵沟通心灵。

小知识

平息客人怒气需要注意的点

(1) 表示善意是战略。
(2) 言行有理是重点。
(3) 彬彬有礼是要求。
(4) 优质服务是底线。

资料来源:林莉.旅游服务心理学[M].合肥:中国科学技术大学出版社,2012-08-01.

(二)发现问题及时解决

1. 让旅游者得到替代补偿性满足

替代是指人们在不能以特定的对象或特定的方式来满足自己的欲望,表达自己的感情时,改用其他的对象或方式来使自己得到一种"替代"的满足或表达,用来减轻以至消除自己的挫折感的心理调节方法。补偿是指一个人在生活的某一方面无法获得需要满足而产生挫折感时,从其他方面去寻求更多的满足,使自己得到补偿的心理调节方法。当旅游者由于服务的缺陷而感到不满意时,旅游从业人员要让他们得到某种"替代的满足"或者得到某种"应有的补偿",以此来消除旅游者的不满意。

2.让旅游者的情绪得到宣泄

宣泄是指当一个人遇到某种挫折时,把由此而引起的悲伤、懊丧和愤怒、不满等情绪痛痛快快地"发泄"出来的心理调节方法。能够把情绪宣泄出来,就能比较理智地来对待这个挫折,以后也比较容易忘掉这个挫折,而不至于总是耿耿于怀。当旅游者由于服务的缺陷而感到不满意时,旅游从业人员应该让他们宣泄自己的感情。具体应做到以下几点:如果没能做到让旅游者"消气",那就应该让他们"出气";旅游者表示"有气",并不等于他已经"出了气"。通常旅游者只有在叙述他遇到的挫折的详细经过时,才能把一肚子气"宣泄"出来;不要让"有气"的旅游者当着其他旅游者的面"出气",更不要让许多人凑在一起"出气",要尽可能让有气的旅游者"分别出气""单独出气"。

3.建立旅游者投诉档案

对每个旅游者的投诉都要做正式的记录,并有专人定期整理,形成旅游企业全面管理的依据,以便做好总结、反思工作,改进日后的问题,防止此类投诉的再次发生。

 **闯关考验**

一、填空题

1.旅游者投诉的主要原因分为_____和_____两个方面。

2.宣泄是指当一个人遇到某种挫折时,把由此而引起的悲伤、懊丧和愤怒、不满等情绪痛痛快快地_____出来的心理调节方法。

3.当旅游者由于服务的缺陷而感到不满意时,旅游从业人员要让他们得到某种_____或者得到某种_____,以此来消除旅游者的不满意。

二、判断题

1.旅游者投诉的主观方面的原因主要表现为不尊重旅游者和旅游环境方面的问题。( )

2.旅游者投诉时,虽然企业妥善得当地处理投诉,但仍然不会改善人们对企业的印象。( )

3.处理投诉时要真诚为旅游者解决问题,保护他们的利益,但同时也要注意保护旅游企业的合法利益,维护企业的整体形象。　　　　　　　　　　（　　）

三、简答题

1.为什么要妥善地处理旅游者的投诉？

2.引起旅游者进行投诉的原因有哪些？

3.在处理旅游者投诉时要遵循的原则是什么？

4.如何预防旅游者的投诉？

四、实训题

将学生分成若干个组,设置一定的场景,模拟饭店客房部的管理人员,合理应对客人的投诉。

项目九　交往,增添旅游的润滑剂

穿针引线

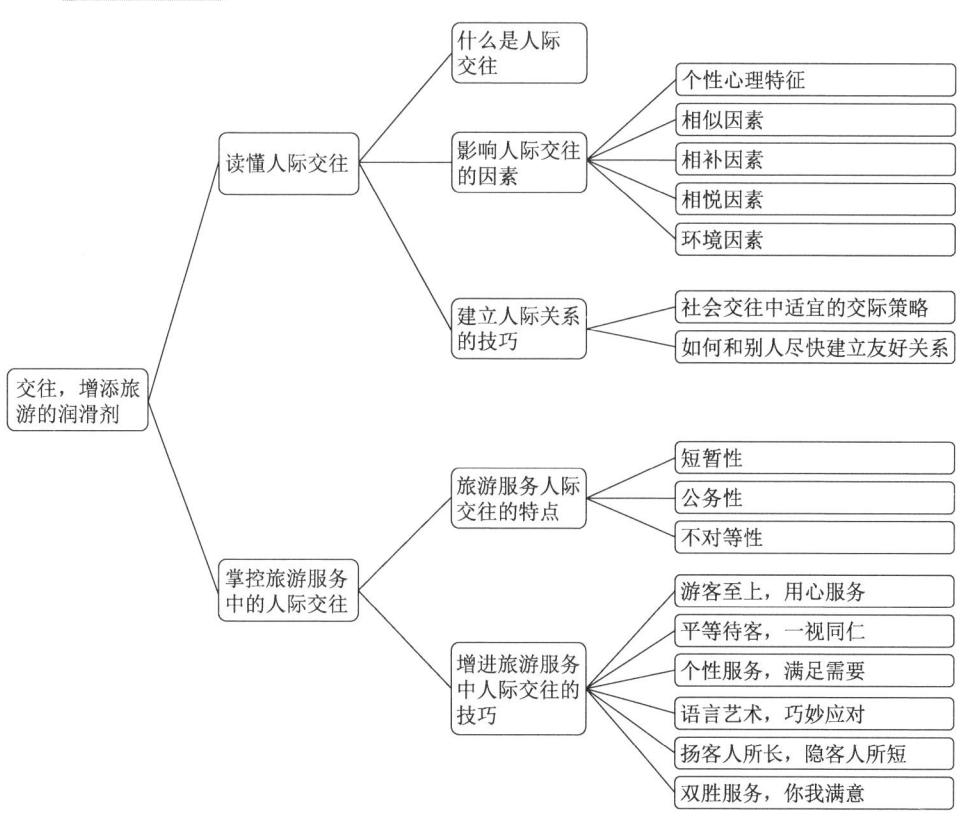

学习目标

1. 熟悉人际交往的概念;
2. 了解影响人际交往的因素;
3. 了解旅游服务中的人际交往的特点;
4. 掌握增进旅游服务中人际交往的技巧。

项目概览

人是社会动物,每个拥有独特的思想、背景、态度、个性、行为模式及价值观的个体都要参与人际交往,人际交往对每个人的情绪、生活、工作都有很大的影响,对团队气氛、沟通、运作、效率及个人与团队之关系亦有着重要影响。在旅游服务中,人际交往的重要性在于它是增添旅游的润滑剂。

任务一　读懂人际交往

情境设计

因张伟在实习带团期间始终坚持游客至上的原则,真诚为游客服务,并且在"旅游团队服务质量跟踪调查表"的评定中也均为优秀,在实习期即将结束的时候,康辉旅行社决定授予他"优秀实习导游员"的称号。能获得此次荣誉,张伟觉得与自己掌握的人际交往的技巧是分不开的。

根据以上情境,完成下列任务:

1. 什么是人际交往?
2. 人际交往在旅游服务中有哪些作用?

任务分析

人际交往是沟通的一种主要形式,是个人在交往中彼此交流思想、感情和知识等信息的过程。旅游服务交往的主体是服务人员,在旅游服务过程中,交往结果如何,主要取决于服务交往的主体。

知识讲解

一、什么是人际交往

人际交往是在一定的群体背景中,在交往的基础上形成的,由个体的个性进行调节,并伴随着情感上的满意或不满意状态的人与人之间较稳定的心理关系。

群体人际交往状况取决于人们需要的满足程度,交往活动中,如果双方的心理需要都能获得满足,人们相互间将会发生或保持一种亲近的关系。如果相互交往时,一方表示出不友好、不同意,将使对方心理不安、不满,当双方均无法满足交往的需要,就会导致较疏远的关系,甚至出现敌对关系。

特别提示

人际交往也称"人际沟通",指个体通过一定的语言、文字或肢体动作、表情等表达手段将某种信息传递给其他个体的过程。

二、影响人际交往的因素

影响人际交往的因素有很多,"以貌取人"说的就是长相对人际交往的影响。漂亮作为一种个人特质,也是影响人际交往的一个重要因素。影响人际交往的因素主要有以下几个方面:

(一) 个性心理特征

人的性格、气质往往影响人际交往的数量和质量。在群体中,一个态度和善、性情宽厚、富有同情心、能体谅他人的人,易于受到其他成员的欢迎,因而也易于同他人建立良好的人际关系。反之,一个性格孤僻、固执,既不愿了解他人,又不愿被他人了解,与他人格格不入的人,难以形成融洽的人际关系。一个谦和、虚心的人,能够获得别人的好感,而一个自高自大、目空一切的人则令人厌恶。

就气质而言,一个爱好社交、活泼好动、热情奔放的人,往往容易建立起良好的人际关系,一个感情丰富的人,容易体验他人的感情,与他人产生心理共鸣,结成良好的人际关系。反之,如果一个人感情贫乏、麻木不仁,则难以形成良好的人际关系。

心理学研究表明,人们一般并不喜欢结交能力太强、十全十美的朋友。对一个有能力的人来说,偶尔的小过失并不会使他失去吸引力,反而因他更像一个凡人,使人更觉得可接近而受人喜欢。相反,有些人越是要显示自己一贯正确,就越会减少自己的吸引力,至多成为人们"敬而远之"的偶像罢了。

(二)相似因素

能否建立良好的人际关系,还取决于相互交往中的相似因素。相似因素包括文化背景、民族、年龄、学历、修养、社会地位、职业、思想成熟水平、兴趣、态度、理想、信念、观点、世界观、价值观等各个方面。

交往中的相似因素对人际关系的建立极为重要。人们往往倾向于喜欢在某一方面或更多方面与自己相似的人。俗话说"物以类聚,人以群分",就是指相似因素的作用。例如,人与人之间有共同的理想、信念,有一致的世界观、价值观,那么,就容易产生感情上的心理共鸣,形成良好的人际关系。兴趣相投、爱好一致的人聚在一起,有共同的语言,易于建立良好的人际关系。反之,兴趣相异,会影响相互间交往的频率。不过,相似态度的发现是在相互交往中逐步进行的,其中有一个重新认识的过程。一旦双方都意识到彼此的共同点,那么,人际关系就会日趋密切、稳定地发展起来。

(三)相补因素

在人际交往中,虽然人们喜欢与各方面相似的人相处,但有时人们又觉得过于相似会使人际关系显得单调而缺少变化,因而在人际交往上又产生对不一致性的心理需要。因此,从心理需要上来看,人们还常常与自己不同的人成为相补的朋友,使自己的不足由别人的长处来补偿,自己的长处又能弥补对方的缺陷,这就是需要的相补因素。

在心理学上,可按照人的性格倾向性把人际关系的适应模式分为主动型和被动型两类,每种类型各有三大特征,这样,就可以形成表9-1中的6种人际适应模式。

表9-1 人际关系适应模式

类型 \ 特征	主动型	被动型
包容	主动与他人交往	期待别人来接纳
控制	支配他人	愿受他人支配
感情	对他人表示亲善	希望得到他人的亲善

这里,主动型和被动型的人,在三个特征上分别形成三对互补关系,比较容易

协调。而如果属于同一种类型的,有时反而难于相处。

需要的相补也是形成良好人际关系的重要条件。在现实生活中,需要的相补可以发展出密切的友谊。脾气暴躁的人和脾气随和的人往往能友好相处;独断专横者与优柔寡断者会成为好朋友;活泼好动的人与沉默寡言的人相得益彰。这就表明,在相互交往中,成员之间通过互取其长、互补其短,可以形成亲密友好的人际关系。

(四)相悦因素

所谓相悦,主要是指人际交往过程中双方情感上的相互接纳和肯定。在日常生活中不难发现,在人们谈话时,期待能得到说话者喜欢和赞赏的人,往往与对方靠得较近。如果是在一个群体之中,那些靠说话者最近的人往往就是期望对方对自己最有好感的人。同样,说话者也能够觉察到,那些靠自己最近的人,正是喜欢自己的人,人们的相悦就会在举止言谈中不知不觉地表现出来,彼此都感到对方能接纳自己和喜欢自己时,就会产生最大的相互吸引力,极易建立良好的人际关系。

人们常常很敏感地从他人的评价和态度中来体会是否被他人接纳和肯定。希望得到他人的良好评价和称赞,应该说是一种正常的心理现象。人们往往从别人良好的评价中了解自己在群体中或在别人心目中的地位,树立自己的自尊,产生一种被承认和被接纳的满足感。于是人们能从对方的友好态度中感到愉快,相互之间产生了建立良好的人际关系的基础。在许多情况下,人们也能心悦诚服地接受他人善意而合理的批评,这也同样出于别人接纳和喜欢自己的内心。

(五)环境因素

人际关系除了受到交往主体各种相互作用因素影响之外,还受到客观环境的制约。首先,人们在空间距离上愈接近,彼此接触的机会愈多,相互依赖、相互帮助的时候愈多,就愈容易形成良好的人际关系。因此在一个班组工作的员工之间极易结成良好的人际关系。当然,空间距离对于人际关系没有决定作用,但是在其他条件相同的情况下,空间上的优势可成为人们相互交往的一个有利条件。国外管理者很重视这一外部因素的作用,他们对员工的工作场所进行设计和安排时,常常将人际交往的因素也考虑进去,这样,既便于员工之间相互交往,有利于形成协调一致的关系,又可防止因空间上的距离而产生的与整体利益不一致的小圈子。其次,人与人之间的交往频率也影响人际关系的建立。在群体中,成员之间接触越多,了解时间越长,便越容易形成良好的人际关系。

三、建立人际关系的技巧

(一)社会交往中适宜的交际策略

1. 交往之初,首先要积极地倾听,并做出恰当的反应

任何人都希望表现自己或宣泄某种感情。真诚倾听,适时地做出反应,能赢得

别人的好感,同时也显示了你的教养和礼貌。切记在倾听过程中不要打断对方的谈话。

2.交谈过程中要察言观色,分析对方未道出的真情

中国人爱面子的心理,导致有些话碍于脸面,不好意思直说,因此我们应"揣其所欲,投其所好",做好心理服务工作。

3.积极主动地交流意见,以便解决问题

旅游服务过程中要主动交往,一旦交往过程中出现分歧,则一方面可以征询游客的意见,另一方面可以提出自己的想法,列出几个解决问题的方案,供游客参考。如在餐厅,游客对所上的菜肴不满意,可以这么做:首先,找出双方的共同点,说明双方共同利益所在,即均希望顾客在餐厅消费满意,进而提出建议。其次,说出自己的权力范围,委婉地道出自己的难处所在,恳求顾客的谅解,如要道歉或重新加工可以,而要索赔,则超出了自己的权力范围。最后,主动征求解决问题的方法,以示尊重。

4.优化个人形象

在现实生活中,我们往往会发现同样的言行出自不同的人,人们往往会有不同的反应。这是因为人们对一个人的反应往往与这个人的"整体形象"有关,而不仅仅只针对他的一言一行。因此要想建立良好的人际关系必须注意塑造自己的形象。

5.尊重别人,坚持从我做起

尊重即"瞧得起",就是承认他"行"。人际交往中人们之所以觉得关系难以相处,主要是因为有许多人总是强调"坏的行为"是从"你"开始的,你无情我才无义的,进而形成人际交往的"恶性循环";而人际交往中之所以难以形成"良性循环",就是因为人们常常不愿意从"我"做起。人际交往的"良性循环"过程和"恶性循环"过程可以由下面两个图表来进行模拟表示:

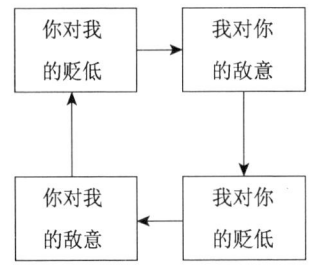

图9-1 "贬低"与"敌意"的循环示意图

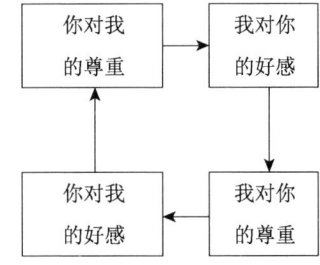

图9-2 "尊重"与"好感"的循环示意图

6.有效的沟通

与人沟通一定要有同理心,即沟通的双方要站在同一个立场上,用同一种思维

去考虑问题。饭店的工作人员要站在客人的立场上来看问题,来感受客人的情绪体验,同时要附带加上几分赞美。从表面上看赞美似乎跟拍马屁很接近,但严格来讲,赞美是不显山露水,让客人在不知不觉中感到愉悦舒适,而拍马屁则属于过火行为,露骨谄媚奉承,乃是沟通不到家的表现。在人际交往中语言沟通有六个要点:具体、清楚、简单、明了、正确和幽默感,六项缺一不可。

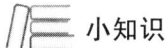 小知识

人际关系的四个阶段

社会心理家奥尔特曼认为,良好的人际关系的建立和发展需要经历四个阶段:
①定向阶段
对交往对象的注意、选择和初步沟通等心理活动阶段。
②情感探索阶段
随着双方共同情感领域的发现,双方沟通也越来越广泛,自我暴露的深度与广度也逐渐增加。人们的话题仍避免触及别人私密性的领域,自我暴露也不涉及自己基本的方面。
③感情交流阶段
人际关系发展到这个阶段,双方关系的性质开始出现实质性变化,此时人际关系的安全感已经确立,谈话也开始广泛涉及有关自我的许多方面,就有较深的情感卷入。
④稳定交往阶段
人们心理上的相容性会进一步增加,自我暴露也更加广泛深刻,可以允许对方进入自己高度私密性的个人领域,分享自己的生活空间和财产。

 最新动态

学会人际关系三大定律　社交不再困难

定律一:"每一个人都比你累"
它的核心是这样两点,一是在于你能否体谅到,别人的劳动是一种辛苦;二是你能否理解别人对你的态度。
比如夫妻之间,同样是下班之后,丈夫往往宁可倒在沙发上看电视,也不愿意把家里的东西收拾整齐,妻子却看不惯屋子里乱七八糟的样子,就要自己收拾。但

是呢,妻子就难免会心里埋怨:我忙了一天,回到家里还要在这里收拾,你居然在沙发上赖着看电视,怎么就不说来帮一把手呢?可是丈夫也在想了,一天上班我累死累活的,到了家我就没有一点劲儿了,哪像你上班那么清闲。要不然,怎么还有精力收拾屋子。要是两人都这么想,看着吧,过不了多大会儿,肯定吵起来。

可是,如果两人都能换一种思路,又会是什么情况呢?

妻子会觉得,他都辛苦一天了,每天上班这么累,还是让他好好休息一会儿吧。家嘛,家不就是让他休息放松的地方嘛。丈夫会想到,她上了一天班,下班回家还要收拾屋子,真是辛苦。这么着吧,反正我收拾过的屋子她也看不上,干脆,我去厨房把饭热了吧。

在做家务的不经意中,夫妻间就产生了一种默契和温馨。

到父母家聚会,如果想起这一条,你会主动干许多事儿,而且不至于和自己的亲人心生芥蒂;和朋友一起出游,如果心里常想着这句话,你就会兴高采烈满心轻松地成为一个受朋友们欢迎的人。

明白了第一定律的含义,自然会容易理解下面两个推论:

推论一:如果有人能体谅你的累,这个人必定爱护你,心疼你;如果有人愿意替你累,替你辛苦,说明这个人爱你。

推论二:如果你能体会到其他人的累,体会到其他人的辛苦和不容易,说明你是个善良的人;如果你愿意去替别人累,去替别人承担辛苦,说明你爱这个人。

定律二:每一个人都比你干的活儿多挣的钱少

定律二适用在你的日常工作之中,或者说,它或许应该是你在通过自己努力获得相应的物质或精神报酬时的一条准则。

相信你在工作中肯定会有对别人羡慕的时候:"还是张主任的工作轻松,每天看他不是请客吃饭,就是打球锻炼,上班的时候还可以一个人关在办公室里想干什么就干什么,钱也不少拿,多好啊!"可是,你想过没有,你羡慕的对象会不会也在心里面羡慕你呢?

说不定哪一天,你就会听到张主任亲切地和你唠唠家常:"小刘啊,还是你们舒服啊,我每天都要陪别人吃饭,连和家里人一起吃晚饭的时间都没有;上班吧,一个人在办公室,也没有人说说话,不像你们还可以说说笑笑的。哎,工作压力太大了。真羡慕你们啊,要是跟你的工作换一换,我就知足了。"你会不会觉得这是领导在猫哭耗子假慈悲呢?其实不然,这绝对是对方的真实感受。

心理学研究发现,人们都有一种把自己的工作和付出以及别人的获得和收入看得比实际情况要多,把自己的获得和收入以及别人的工作和付出看得比实际情况要少的心理趋势。

每个人都是一样,会觉得自己的付出太多,自己的获得太少,于是由此而生出许多的不满或是抱怨。其实,想想看,假如每个人都这么想的时候,你的想法与别人不同,你觉得自己的付出相对少,别人的付出比较多,那么,你自然就会不断地自勉,还会真诚地对待别人。

由第二定律也可以得出两条推论:

推论一:理解别人干的活多,或者理解别人收入少,都能使别人感动,而且惠而不费。

推论二:不要再抱怨自己的收入。因为,当你抱怨的时候,你肯定没有在工作。

定律三:每一个人都没有义务帮助你

这句话听起来十分冷酷,难道我们身边的每个人都是这样冷漠吗?在我们需要别人援助的时候,我们竟然那么孤立无援?

事实上并不是这个样子,这个世界上永远不缺乏好心人和热心人,但是有些时候,可能你所遇到的困难没有被有能力帮助你的好心人看到而已。

前些年,某个城市发生了这样一件事儿:一个小姑娘上学途中被人撞倒,伤得很严重,围观的人群中走出一个小伙子,说愿意把姑娘送到医院,但要求小姑娘先出一些辛苦费。小姑娘拿出身上所有的零钱还是不够,便答应对方只要通知了自己的父母,肯定会把钱给他。赶到医院的父母把孩子送进手术室后转身要付钱,小伙子不仅不要,还把零花钱还给了孩子的父母。原来他只是用这种方法证明自己不是肇事者而已。这个小伙子的担心也正反映了一般人的看法:要不是你撞了孩子,你干吗要把孩子送到医院来呢?你没有这个义务啊!

与不相识的人交往,人们都会有一种戒备心理,一般地,礼下于人则必有所求,素昧平生那就应该无功不受禄。对于没来由地热心帮助自己的人,有时候难免心里会问个为什么。这也就造成了每个人都充满热心但却担心被拒绝而表现得冷漠。如果你能理解大多数人的这种心理,你就会理解别人为什么没有对你伸出援助之手;如果你相信这个世界早晚会了解你的为人,那么你在出手助人的时候自然落落大方。

第三定律导致的推论是:

推论一:如果有人在没有义务的情况下帮助你,那么,这个家伙,可以做朋友。

推论二:如果你帮助了别人,心里的快乐就是最大的酬谢,不要计较对方是否会知道、会记住或者会回报。

其实,第一定律说的是家庭和朋友之间的相处之道,第二定律说的是在单位的工作态度和处事方法,第三定律则是讲与陌生人之间的应对。

很可能,热情的你会觉得这三条定律看上去太冷,太没有人情味儿,可是,做人,固然要热血酬知己,也应该冷眼观世情。

资料来源:新浪网,http://hb.sina.com.cn/health/xlyl/2012-06-10/81032.html。

(二)如何和别人尽快建立友好关系

1.常常面带微笑

一个人面带微笑让人觉得和蔼可亲;一名服务员面带微笑会让顾客感到亲切、温暖,能够在他们的心中留下美好的记忆,且会让顾客因微笑的感染而感到心情舒畅。

2.主动打招呼,表示友好态度

世界零售之王——沃尔玛的创始人山姆·沃尔顿先生为员工提出的服务准则,首先就是三米原则,即"三米微笑原则"。每当他巡店时,都会鼓励员工与他一起向客户做出保证:"我希望你们能够保证,每当你们在三米以内遇到一位客户时,你会看着他的眼睛与他打招呼,同时询问你能为他做些什么。"山姆·沃尔顿先生道出了服务业经营成功的一个重要原则,即主动和客户打招呼。

3.发现别人的优点和长处,投其所好地适当夸奖

心理学研究发现,每个人在日常生活中都希望得到别人的夸奖,都希望自己的优点和长处得到别人的赏识。因此细心观察别人,主动发现别人的长处和优点,并用恰到好处的语言表达出来,表现出自己的欣赏之意,这样容易使人感到亲切,容易拉近与人之间的距离。

4.用自然流露的真情去交往,交往的诚意发自内心

根据马斯洛的需要层次理论,社交需要在每个人的潜意识中都存在着,希望被别人结识,进而被社会认可是每个人的心理需要。因此抱着一颗真诚的心去和别人交往,一定得到别人的回应。

5.提高交往信心,发挥个人魅力

要想在别人面前显得落落大方,首先要有自信心。人生来都是平等的,相信别人能做到的自己一定能做到,并且只要自己付出努力,一定能比别人干得出色。人在结交新朋友时,利益是放在第一位的,你能否为我提供帮助,是一般人选择朋友的第一个条件,如果你处处都显得很弱,处处都需要别人帮助你,那么试想谁愿意结交一个包袱做朋友?因此充分发挥自己的个人魅力,一定能得到别人的友谊。

 最新动态

黄菡:我们处理人际关系的时间太少

黄菡老师首先指出,心理学的研究告诉我们,个人的喜怒哀乐情绪的变化,70%缘于人际关系状况的变化。我们可能花了每天的绝大部分时间去工作和奋斗,只花很少的精力和时间来处理自己的人际关系。但是人际关系的好坏却可以最大程度地决定我们生活的快乐和幸福感。如此看来,人过日子有时候是本末倒置了,在最能影响幸福感的事情上,我们所花的时间却最少。

黄菡老师随后强调,在人际关系的处理上,有四个方面是我们必须涉及的。

一、人格特征

只有一个心理健康、人格健康的人,才可能获得一份协调、亲密的人际关系。如果自己的人格存在比较大的缺陷,例如特别的自尊,过度的自卑、自恋,特别的自利,这些人格特征都会成为人际协调中难以逾越的障碍。

二、人际关系的基本态度

每个人在开始自己人际协调的实践前,都要回答这样一个问题,即:人和人之间的关系是一种什么样的关系?人际关系的实质是什么?《菜根谭》中有这样一段话:"机动的,弓影疑为蛇蝎,寝石视为伏虎,此中浑是杀气;念息的,石虎可作海鸥,蛙声可当鼓吹,触处俱见真机。"所说的便是,你自己对外部世界,对他人,对人际关系,有何种信念和态度,必然会影响你在眼前的人际关系情境中,会做出怎样的判断,进而产生怎样不同的行为反应。

三、人际交往的行为原则

无论在什么样的社会制度中,什么样的文化背景下,总有一些人际交往的行为原则是必须要遵守的。这就是所谓"放之四海而皆准"的东西,没什么可讨论的空间。譬如彼此真诚、宽容、互助、合作和信任,如此种种。

四、心理艺术和技巧

人际关系是个体直接接触互动过程中,产生的心理情感关系,是一个非常个性化的东西。除了普遍适用的规律和原则,还需要一些艺术和技巧,去帮我们去做一个因时、因地、因人制宜的调节。

黄菡老师还指出,如何认识人决定了如何对待人。怎么认识一个人,怎样看待他,必然对彼此关系的进程产生影响。认识到一个人的是非对错,善与恶,进而对其心生好恶喜厌等情感反应,然后才是进一步行动上的亲疏远近。认识、情感与行动是相对统一的。因此,如何认识一个人将决定如何对待他。所以,一旦受到传统认知经验和认知偏差的影响,就会对人做出不公正、不客观、不正确的认识,这种认识一经产生就可能会抑制进一步交往的动机和愿望。

资料来源:凤凰网讲堂,http://talk.ifeng.com/jiangtang/news/detail_2012_10/15/18267292_0.shtml。

 小知识

我们以绅士淑女的态度为绅士和淑女们忠诚服务

丽嘉酒店集团公司的前身是波士顿丽嘉酒店,这家著名的波士顿酒店出色的

服务,已成为丽嘉在世界各地所有酒店恪守的标准。这一标准的本质已被归纳总结为一系列称为"黄金准则"的核心准则:信条,优良服务的三个步骤和丽嘉员工的20条基本准则。

信条:

1. 我们的服务宗旨,是令丽嘉酒店成为一个让宾客获得体贴关怀和舒适款待的地方。

2. 我们保证为客人提供最完善的个人服务及酒店设施,让客人身处一个温馨、舒适而又优美的环境。

3. 丽嘉的服务经验除可令宾客身心舒畅外,甚至可满足客人内心的需求与愿望。

优良服务的三个步骤:

1. 真挚热诚地问好。应尽可能称呼客人的名字。

2. 预见客人所需,应做好充分准备,并须遵从客人意愿办事。

3. 欢欣地道别。跟客人亲切地说再见,应尽可能称呼客人的名字。

丽嘉员工的基本准则:

1. 信条是我们公司的基本信仰,所有员工均必须了解、谨守和实践该信条。

2. 我们的座右铭是:"我们以绅士淑女的态度为绅士淑女们忠诚服务。"作为专业服务人士,我们以相互尊重和保持尊严的原则对待客人与同事。

3. 优良服务的三个步骤是丽嘉酒店的待客基础。每位员工必须遵循,以确保客人满意,愿意重临及忠于丽嘉酒店。

4. 员工承诺是丽嘉酒店工作环境的基础。全体员工都将信守该承诺。

员工承诺:

☆ 在丽嘉,我们的绅士和淑女是对客服务承诺中最重要的资源。

☆ 通过实施信任、诚实、尊重、团结和承诺的原则,我们培养并充分发挥员工的才干以达到个人和企业的互利。

☆ 丽嘉致力于创造一个尊重个人价值观、提高生活质量、实现个人抱负、巩固丽嘉成功秘诀的工作环境。

5. 所有员工均须圆满完成其工作岗位的年度培训课程。

6. 应将公司目标传达给所有员工,支持该目标的实现是每位员工的责任。

7. 在工作中创造乐趣和自豪感,所有员工都有权参加制订与其工作相关的计划。

8. 每位员工应不断寻找酒店运作弱点。

9. 为满足客人和同事的需要,每位员工都有责任建立团体协作和相互扶持的工作环境。

10. 授权于每位员工。例如,当客人有问题或有任何特殊需求时,即使需要暂停您的正常工作,也要全力解决客人的问题。

11. 时刻保持整洁是每位员工的责任。

12. 向客人提供最好的亲身服务,每位员工都应负责了解和记录客人的喜好。

13. 不可失去一位客人。每位员工都有责任确保客人得到即时安抚。任何员工接到客人投诉都须负责,妥善解决并做好记录。

14. 经常展示微笑。保持积极的眼光接触。对客人和同事使用恰当的礼貌用语,例如"早上好""当然可以""乐意效劳"和"荣幸之至"。

15. 无论身处工作环境以内或以外,均须充当酒店的使者。言谈保持积极肯定。将关注转告相关人员。

16. 亲自带客人到酒店内的其他地方,避免只是指示方向。

17. 使用丽嘉酒店的电话礼仪,在铃响三声内接听电话,语带"微笑"。尽可能称呼客人的名字。若需客人等候,应问客人"您可否稍等片刻?"不可询问来电者的姓名和意图或挑选接听来电并尽量避免转接电话。遵守语音信箱标准。

18. 关注自身仪表并为之感到自豪。每位员工都应通过遵守丽嘉酒店的着装、仪容标准,展示职业化的形象。

19. 安全第一。每位员工应负责为客人和同事建立起一个安全和无事故的工作环境。警惕所有的火警和安全紧急程序并立即汇报任何险情。

20. 保护丽嘉酒店的财产是每位员工的职责。节约能源,正确地维护酒店资产并保护环境。

时至今天,这些黄金准则已用书面形式印刷在一张口袋大小的薄片上,为丽嘉酒店两万五千名绅士和淑女们所熟知、信奉并执行。

正因为这些,2003年在香港揭晓的第二届"亚洲最佳雇主"奖名单中,继2001年亚洲最佳雇主评选以来,上海波特曼丽嘉酒店再度高居"亚洲最佳雇主前二十名"的榜首。

资料来源:豆丁网,http://www.docin.com/p-570732952.html。

任务二 掌控旅游服务中的人际交往

情境设计

回想这段时间的带团经历,张伟感慨万千,他这时候才真正理解当年导游老师的那句话:"导游带团是一项工作,同时也是一门艺术。"每天都在和不同的团员,不同的司机,不同的全陪以及不同的旅行社,不同的景区打交道,从落实景点、团队用餐,再到购物住宿,虽不复杂,但都要妥善处理,而最让他头疼的,就是带团过程中人与人之间的沟通交往问题。

根据以上情境,完成下列任务:
1.你遇到过张伟这样的困惑吗?
2.你认为应该如何解决旅游服务过程中人际交往的难题?

任务分析

导游的工作不是简单的迎来送往,而是人与人之间交往的艺术。张伟终于明白老师要求他在上岗前一定要了解旅游服务人际交往的特点,以及熟练掌握增进旅游服务中人际交往的几个技巧的重要性。

知识讲解

一、旅游服务人际交往的特点

旅游服务中的人际交往,主要包括总经理在内的全体工作人员(尤其是基层接待人员和服务人员)与游客之间的交往。旅游服务交往的主体是服务人员,在旅游服务过程中,交往结果如何,主要取决于服务交往的主体。

（一）短暂性

旅游交通与市场经济的迅猛发展,使注重高效益的旅游者穿梭往返于各地,形成了旅游服务交往频率高、时间短的活跃局面,短暂性的特点愈加突出。游客在一个目的地的逗留时间不会很长,一般只有1~3天,而其中大部分时间在市区或景点观光游览或办理事务,在饭店内逗留的时间也少,因而饭店内客我之间相互熟悉了解的机会也随之减少。

（二）公务性

在一般情况下,服务人员与游客的接触只限于他们需要服务的时间和地点,否则就是一种打扰游客的犯规行为。客我之间的接触只限于公务而不涉及个人关系,更不可能了解对方的全部历史,全部家境和全部性格。客我之间公务以外的往来,一般说来是不可取的。

（三）不对等性

客我之间的接触通常是一种不对等的过程。所谓不对等的接触,是指这种接触过程中只有游客对服务人员下达指令,提出要求,而不存在相反过程的可能。不对等接触也表示主人必须服从和满足客人的意愿,双方关系是不对等的。对于一些传统观念较深的服务人员,常常由于不能正确理解和处理这种不对等关系而陷于自卑或产生逆反心理状态,给旅游企业管理和服务质量造成消极影响,不利于企业的声誉。

 **热点透视**

中国游客的素质

近年来,伴随着大量中国人出境旅游,中国游客的素质已经成了一个世界性的话题,随地便溺、便后不冲水、随地吐痰、大声喧哗、乱扔垃圾、乱涂乱画、贪小便宜、对服务人员颐指气使等不文明行为,差不多已经成了中国游客特有的标签,遭到了广泛的指责和嫌弃。2012 年,法国时尚品牌 Zadig & Voltaire 曾表示,因为中国游客素质太差无品位,2014 年在巴黎开张的新酒店将不接待来自中国的游客。而大部分品牌虽然做不到这样的决绝,但往往是一边大赚中国游客的钱,一边对那些不文明行为大摇其头。中国游客在海外花了很多钱,不仅没有得到别人的尊重和好感,反而获得了粗鲁、暴发户的坏名声。

分析: 千百年来,中国社会是一种费孝通所谓的"差序格局",每个人以自己为中心,像石子投入水中一般,形成一圈圈的人际关系,波纹的远近标示着社会关系的亲疏,人们则依据这种亲疏远近决定自己的行为,采取不同的应对方式和道德标准。在私人联系之内,受制于熟人圈子中的舆论威力,人们温良恭俭;离开了私人联系,到了公共领域,原有的约束没有了,有些人就会为所欲为,行为大变。

二、增进旅游服务中人际交往的技巧

(一)游客至上,用心服务

意识决定态度,态度决定一切。有什么样的思想,就有什么样的工作态度。对于旅游服务人员来说,"客人就是上帝""服务从心开始",这不仅仅是一句简单的口号,更需要旅游服务人员具备良好的服务意识,这种意识需要时时刻刻在服务工作中体现出来。

作为服务性行业,良好的服务意识体现在旅游服务人员与客人面对面的服务过程中。客人的要求出现在服务的各个环节,只有"以客人为中心",永远把客人放在第一位,才能随时发现客人的需要,及时提供客人需要的服务。这就要求服务人员在工作中,不仅要做好分内事,细心观察,还要站在客人的立场上,用真心来创造感动。

(二)平等待客,一视同仁

从心理学的角度来看,人与人之间的"平等"主要是指"相互尊重"。从这方面看,每位服务人员都应自觉地尊重客人,主动热情地去满足客人合理的要求,把令人满意的服务提供给每位客人,在提供服务时,摒弃"看人下菜碟"的旧习气,禁止以貌取人和以职取人。

服务人员与客人扮演着不同的社会角色,客人作为消费者有权利要求服务人员为自己提供服务,只要客人的要求是合理的、正当的,作为服务人员都要尽力满足。

(三)个性服务,满足需要

要为客人提供优质的服务,旅游服务人员必须充分了解客人的心态,理解客人,并努力超越客人的期望,提供个性化、细微化的服务,满足客人各方面的需要。

1.人性化服务

个性化服务是根据用户的需求来设定服务,依据各种渠道对资源进行收集、整理和分类,向用户提供和推荐相关信息,以满足用户的需求。从整体上说,个性化服务打破了传统的被动服务模式,能够充分利用各种资源优势,主动开展以满足用户个性化需求为目的的全方位服务。

 热点透视

用心服务才是制胜之本

记者近日采访了大中华喜来登酒店深圳店行政经理周刚。他介绍说,酒店一月份的总收入、利润和餐饮收入都获得了超预期的良好收益,创造了开业3年以来的最高纪录。酒店总经理有25年酒店管理经验,目标是要把大中华成功塑造成市场领导者的角色,以国际顶级标准的服务管理和硬件设施赢得业界声誉。

周刚说,面对竞争,"用心服务、以贴心还客户温馨"是制胜的法宝。大中华喜来登酒店讲究个性化、专业化服务。每次在客人入住酒店之前,相关服务人员包括前厅、客服和餐饮等部门,都会针对每个客人入住该酒店的经历和习惯偏好,制订贴心的服务方案。该顾客以往是否入住过酒店、喜欢什么样的枕头、适应多高的水温、喜欢哪种风味的食物,主要服务人员都要了然于胸。就拿行政酒廊来说,就根据不同顾客的不同特点分为中心区、吸烟区、吧台区、夜景区等多个部分,满足客人的不同需要。"细节决定成败,贴心的细节酿造出家一般的温馨"。

分析:什么是个性化服务? 就是以顾客需求为中心,在满足客人原来需求的基础上,针对客人的个性特点和特殊要求,主动积极地为客人提供特殊服务,是对客

人采取"量体裁衣"定制式的服务。

2.细微化服务

优质服务的关键是细节,体现也是细节,最受客人欢迎的还是细节。把每一项标准化的服务细化到极致,越细越好,因为细致就代表着卓越,全部细节都要体现以客为尊的思想。曾有一家酒店硬性规定每个部门每月必须有1~3个服务细节出台,看似强硬的做法,既能强化部门和员工的细节意识,同时又能提高酒店整体服务水平。只有细节服务做到客人的心坎上,才能极大地提高客人对酒店的评价。在酒店竞争白热化的今天,提高细节服务的能力已经成为确立酒店服务特色和衡量酒店竞争力的重要因素。

(四)语言艺术,巧妙应对

1.正确使用职业化用语

语言是人际交流与沟通的重要手段,是表达思想情感的重要媒介,是人们交际沟通的桥梁和纽带。俗话说:"良言一句三冬暖,恶语伤人六月寒。"尤其在旅游服务中,正确的职业化用语不仅能对客人表示友好和尊敬,而且还能使交流双方产生心理认同,给对方一种满足或愉悦感,达到心理相悦、心灵相近的目的。因此,在旅游服务工作中,尽量要"投其所好""顺着客人说",要选择对方感兴趣的话题,避免让对方尴尬,绝不能涉及个人隐私或进行人身攻击。

2.善于运用"无声语言"

在客我交往中旅游服务人员不仅要善于运用"有声语言",而且要善于运用"无声语言"(即体态语言),做到"有声语言"与"无声语言"相互补充,配合得当。体态语言是内心情感的体现,也是人性的镜子。心理学家指出,交往双方的相互理解,动作表情占55%,言语表情占38%,语言内容仅占7%,可见体态语言的重要性。

(五)扬客人所长,隐客人所短

所谓长处和短处,表现在相貌衣着、言谈话语、行为举止、知识经验、身份地位等方面。扬客人所长,包括赞美客人的长处和提供机会让客人表现他们的长处,但不能为了扬某些人的长处而使其他客人受到伤害。隐客人所短,一方面服务人员不能对客人的短处感兴趣,不能嘲笑客人的短处,不能在客人面前显示自己的"优越";另一方面服务人员应该在众人面前维护客人的"脸面",在客人陷入困窘时,帮客人巧渡难关。

一般来说,客我交往的过程中最敏感的问题,多数是与客人自尊心有关的。因此,服务人员应牢记,绝不要去触犯客人的自尊心。在"提供服务"和"接受服务"这对特定的角色关系中,作为服务人员能够恰当地为客人"扬其长,隐其短",做客人的一面好"镜子",就能使客人对自己更加满意。增加自豪感是客人所得到的心理上的最大满足。因此,服务人员应该确立这样一个信条:如果你能够让客人对自己满意,他就一定会对你更加满意。

(六)双胜服务,你我满意

所谓双胜就是指交往双方都取得胜利。服务人员在对客服务中要让客人有一种胜利感,觉得自己受到尊重,对服务很满意。由此看来,"尊重"是旅游工作者、客人和合作者都想得到,也都应该得到的。因此,努力争取实现客我关系的"双赢"是最高境界,也是最好结果。

在旅游活动中,当客人与服务人员发生矛盾时,服务人员要把对的一面让给客人。服务人员的角色使他们需要放下"个人尊严",自觉地站在客人立场上,设身处地换位思考。"客人永远是对的"这句话并不是对客观存在的事实所作的判断,它只是根据社会角色的不同对服务人员应该如何提供服务所提出的要求,客人是来"花钱买享受"的,是来接受服务的,而不是来接受批评的。要在不伤害客人尊严的情况下,巧妙地维护客人和企业的利益,把"对"让给客人,保住客人的"面子"。作为服务人员没有必要证明自己一定是对的,甚至逼着客人承认自己是"不对的",因为这样一来,就把"分清是非"变成"争输赢"。当服务人员觉得客人"输"了时,实际上是服务人员自己和所在的企业"输"给了客人,所以应该记住:客人永远是对的,不与客人争输赢。

闯关考验

一、填空题

1.人际交往是在一定的_____中,在交往的基础上形成的,由个体的_____进行调节,并伴随着_____上的满意或不满意状态的人与人之间较稳定的心理关系。

2.人际交往的功能主要有:_____,_____,_____。

3.影响人际交往的因素主要有:_____,_____,_____,相悦因素,环境因素。

二、判断题

1.人际交往是在一定的群体背景中,在交往的基础上形成的。（　　）

2.心理学研究表明,人们都很喜欢结交能力强、十全十美的朋友。（　　）

3.人与人之间的交往频率也会影响人际关系的建立。（　　）

4.世界零售之王——沃尔玛的创始人山姆·沃尔顿先生首先提出了"三米微笑原则"。（　　）

5.个性化服务能帮助饭店提高客人回头率,增强饭店竞争力。（　　）

三、简答题

1.简述人际交往的功能。

2.简述如何和别人尽快建立友好关系。

3.简述旅游服务人际交往的特点。

四、实训题

你和小刘各自提交了一个旅游项目策划方案,由于你采用了"私人定制"的策略,领导采用了你的方案,由你来负责实施,并让小刘配合,可是小刘有情绪,你怎么办?

项目十 素质,保障旅游活动的必需品

穿针引线

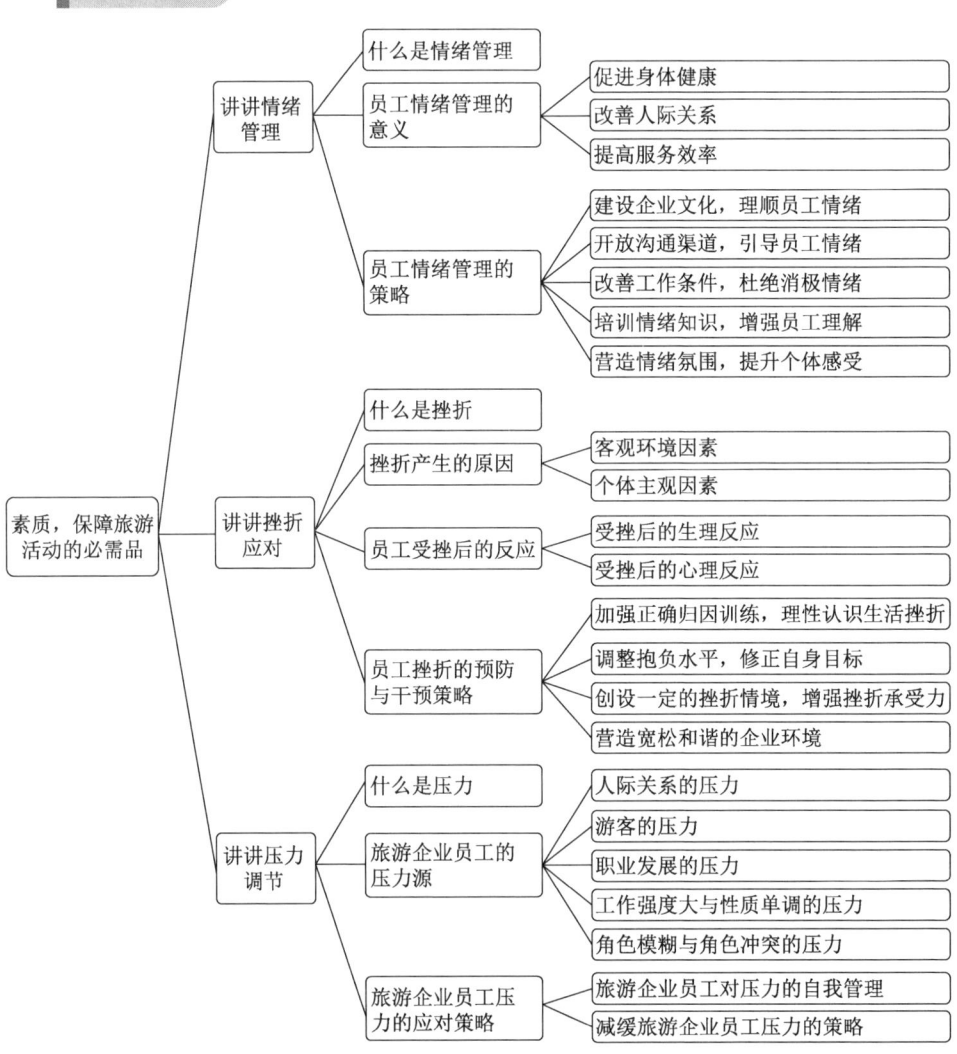

学习目标

1.了解情绪管理及意义,掌握员工情绪管理的策略;
2.了解挫折及产生原因,掌握员工受挫后的心理反应及对待员工受折心理的预防与干预策略;
3.了解压力,掌握旅游企业员工的压力源及应对策略。

项目概览

对于旅游企业来说,拥有一支优秀的员工队伍是企业经营成败的关键。员工的能力固然重要,但比能力更重要的是他们的心理素质。稳定的情绪、良好的心态,会使人遇到挫折、困难时镇定自若,遇到人际关系的纠纷时游刃有余。只有管理好个人情绪,正确对待挫折,合理释放压力,员工才能保持良好的精神面貌和充沛的工作热情。所以,员工良好的心理素质是保障旅游活动顺利开展必不可少的因素。

任务一 讲讲情绪管理

情境设计

张伟在实习期间有个指导老师,是旅行社的一个名导孙艳。张伟从孙艳身上学了不少东西,特别是如何带团,怎么做个好导游,孙艳给了他最直接的指导和帮助。张伟对孙艳非常佩服,孙艳不仅有扎实的专业知识、丰富的带团技巧,还能够一直保持良好的情绪状态,这使孙艳总是能获得游客的喜欢和称赞。即使孙艳生活中遇到不顺心的事,但在游客面前,她总是面带微笑,以饱满的热情投身工作。

根据以上情境,完成下列任务:
1.试分析良好的情绪对做好导游工作的重要性。
2.在日常生活中,你有哪些方法调节和管理自己的情绪?

任务分析

孙艳是一名优秀的导游,优秀不仅体现在她的业务能力强,还体现在她善于管理自己的情绪。在工作中,她能够调控消极的情绪,以积极乐观的情绪为游客服务,这是她赢得游客喜爱的重要原因。管理好情绪,才能留住游客,这也是作为旅游从业者最基本的素质。

知识讲解

正如前文所述(见项目四),情绪作为一种独特的心理体验,渗透于人们的一切活动中,它既影响着人们的身心健康,又左右着人的认知和行为,对人们工作生活的影响非常大。所以,情绪管理对于每个人来说都十分重要。

一、什么是情绪管理

情绪管理(Emotion Management)是指通过研究个体和群体对自身情绪和他人情绪的认识、协调、引导、互动和控制,充分挖掘和培植个体和群体的情绪智商,培养驾驭情绪的能力,从而确保个体和群体保持良好的情绪状态,并由此产生良好的管理效果。

简单地说,情绪管理就是用对的方法,用正确的方式,探索自己的情绪,然后调整自己的情绪,理解自己的情绪,放松自己的情绪。情绪具有两面性,既有积极的情绪,又有消极的情绪,但关键不在于情绪本身,而在于情绪的表达方式。以适当的方式在适当的情境下表达适当的情绪,就是健康的情绪管理之道。

小知识

情绪的波动

心理学专家的调查表明,人的情绪在一天中是不断波动的。中午的时候情绪高涨,早晨6点到9点,晚上睡觉前(9点半左右)的情绪较为低落。早晨6点到9点半最容易产生敌对情绪,中午到下午3点这个阶段,人的情绪比较好,不容易产生敌对情绪,到了晚上睡觉之前又会变得很糟糕。如果你想与别人谈重要的事情,以午餐会的形式或是下午上班时商洽比较合适,人在这个时间段一般不会因为受到刺激发脾气。

资料来源:葆卿.情绪掌控术[M].北京:中国纺织出版社,2011.

二、员工情绪管理的意义

每个人都有情绪,但人们大都对情绪缺乏必要的了解和关注。消极情绪若不适时疏导,轻则败坏情致,重则使人走向崩溃;而积极的情绪则会激发人们工作的热情和潜力。各种情绪不同程度地影响着人们的工作和生活,对于旅游从业者来说,积极了解情绪,妥善地对自我情绪进行管理,能起到以下几个方面的积极意义。

(一)促进身体健康

《礼记》上说"心宽体胖",意思就是情绪畅快时,人的体态及外在状态会比较健康。当情绪低落,茶不思,饭不想时,会导致脸色愈来愈差,甚至身体健康出现状况。这就是心理学上所说"心身症",也就是心理上生病,如过度焦虑、情绪不安或不快乐,会导致生理上的疾病。另外,据研究指出,一个人常常有负面或消极的情绪产生时,如愤怒、紧张,人体内分泌会受影响,易导致内分泌不正常,从而形成生理上的疾病。由此可见,时常面带微笑,保持愉快心情,并以乐观态度面对人生,有助于增进身体健康。

(二)改善人际关系

良好的人际关系取决于一个人情绪的表达是否恰当。如果一个人不控制自己的消极情绪,并带着这种消极情绪与他人相处,势必会影响他人的情绪状态,造成交往的不愉快。如乱发脾气,久而久之,别人会视他为难以相处之人,甚至将他列为拒绝往来户。反之,若常面带微笑,多赞美他人,以亲切态度与别人和谐相处,人际关系自然会比较和谐。

热点透视

南京 25 名游客写给国家旅游局局长的感谢信

尊敬的李局长:

您好!

我们是南京的一批游客,写信给您是表扬我们泰国之行的导游领队李滨同志,也感谢您担任国家旅游局局长以来依法整治旅游市场,在导游领队和旅游从业人员中积极开展社会主义核心价值观和文明旅游教育,培养出李滨同志这样优秀的导游和领队,让我们泰国跨年之行真正成了开心之旅、快乐之旅、幸福之旅、文明之旅。

2014 年 12 月 26 日,我们一行 25 人参加了中国国旅(江苏)国际旅行社组织的泰国旅游团。团友中 70 岁以上的老人占了三分之二,其中 80 岁以上的 16 人,年龄最大的 86 岁。李滨一路像对待自己父母一样,耐心细心地照顾每一位团友,每到一处都搀扶我们上车下车、上楼下楼。我们粗略算了一下,6 天下来他搀扶我们达 3000 多次,提醒我们注意安全 5000 多遍。一两次的提醒和搀扶,也许是在作秀,但是像李滨这样用心照顾客人,着实让人感动。

由于乘坐的是夜晚航班,到达泰国酒店时已经是凌晨 3 点了。李滨迅速安排好房间,并提醒我们早点休息,进出房间也是轻手轻脚、轻声细语。因为我们年龄都很大,李滨针对大家的身体状况,仔细研究调整行程,为确保我们玩得舒适,几乎一夜未合眼。

77岁的团友彭延生,由于水土不服闹肚子,李滨立即安排他回酒店休息,行程结束后多次到房间探视嘘寒问暖,并根据他的身体状况,自己出钱让酒店做了碗热腾腾的面条,送到房间;有个团友扭伤腿,李滨又根据医生嘱咐,主动联系酒店餐厅,自己出钱买来冰块,给他做了冰袋冷敷;团友黄杰的腿痛病犯了,行走比较困难,李滨主动运用自己掌握的中医按摩知识,每天为他按摩减轻疼痛,使他顺利完成行程。

31号行程结束,我们乘坐晚班航班回南京。飞机降落时,2015年新年的钟声都已经敲过。正值半夜,在机场打车十分困难,李滨让我们在避风处等候,自己却站在凛冽的寒风中,帮我们一辆一辆地拦车,并扶我们上车。团中有几个外地游客需要在南京入住酒店,李滨又一一将他们送到酒店安排住宿。

泰国行程结束后,我们为了表示感谢,一致决定给李滨小费,被他婉言谢绝了。李滨就是我们心目中的最美导游!

到家后,我们才从旅行社了解到,李滨同志是全国模范导游员,有不少感人事迹,能跟随这样的领队出行倍感开心和荣幸。希望国家旅游局能宣传表扬李滨同志。

分析:"这个职业收入也不高,有时还受人误解,同样的线路每年要走数十趟、数千公里,还要随时面对突发状况。是怎样的力量使你全然不顾个人安危呢?"面对记者的提问,李滨直言:"让每位游客有个开心快乐的旅程,这是我们的职责,更是我们的信仰。有首歌唱得好,'你快乐所以我快乐',就是这种感觉。看着游客变得轻松豁达,自己的人生好像也升华了。"初做导游,李滨也遭遇过不少冷眼。2010年,他曾接待过一批对导游有极端误解的游客,常打乱讲解、轮番挑刺儿,但李滨始终微笑面对,在酒店来回跑10多趟就为了调间房;下雨时把伞借给客人,自己全身湿透……这些任劳任怨的举动,让李滨成了游客心目中"从怀疑他、到相信他、到钦佩他"的"三他导游"。

资料来源:苏娟,李文琪,金樽逾等.感谢信[N].中国旅游报,2015-02-13.

(三)提高服务效率

良好的情绪对游客有着积极的示范作用,游客的情绪往往受到服务人员态度的影响。服务交往中,由于微笑的表情,服务人员很自然地使用温和的语调和礼貌的语气,这不仅能引发游客发自内心的好感,有时还可稳定他们焦虑急躁的情绪,使游客在整个交往中感到轻松和愉快,有利于服务工作的顺利进行。同时,服务交往中,积极的情绪也容易给服务人员自身带来主动、自信等良好的情绪氛围,处在这一氛围中的服务人员,工作效率也随之提高。

小知识

情绪智力

位列全美畅销书排行榜的《情绪智力》(Emotional Intelligence)甚至将 EQ 与情绪管理画上等号。根据一些心理专家的观点,情绪智力涵盖下列 5 种能力:

情绪的自我觉察能力

情绪的自我觉察能力是指了解自己内心的一些想法和心理倾向,以及自己所具有的直觉能力。

自我觉察,即当自己的某种情绪刚一出现时便能够察觉,它是情绪智慧的核心能力。一个人所具备的、能够监控自己的情绪以及对经常变化的情绪状态的直觉,是自我理解和心理领悟力的基础。如果一个人不具有这种对情绪的自我觉察能力,或者说不能认识到自己的真实的情绪感受的话,就容易听凭自己的情绪任意摆布,以至于做出许多遗憾的事情来。伟大的哲学家苏格拉底的一句"认识你自己",其实道出了情绪智慧的核心与实质。但是,在实际生活中,可以发现,人们在处理自己的情绪与行为表现时风格各异,你可以对照一下,看看自己是哪种风格的人。

情绪的自我调控能力

情绪的自我调控能力是指控制自己的情绪活动以及抑制情绪冲动的能力。

情绪的调控能力是建立在对情绪状态的自我觉知的基础上的,是指一个人如何有效地摆脱焦虑、沮丧、激动、愤怒或烦恼等因为失败或不顺利而产生的消极情绪的能力。这种能力的高低,会影响一个人的工作、学习与生活。当情绪的自我调控能力低下时,就会使自己总是处于痛苦的情绪旋涡中;反之,则可以从情感的挫折或失败中迅速调整、控制并且摆脱而重整旗鼓。

情绪的自我激励能力

情绪的自我激励能力是指引导或推动自己去达到预定目的的情绪倾向的能力,也就是一种自我指导能力。它是要求一个人为服从自己的某种目标而产生、调动与指挥自己情绪的能力。一个人做任何事情要想成功的话,就要集中注意力,就要学会自我激励、自我把握,尽力发挥出自己的创造潜力,这就需要具备对情绪的自我调节与控制能力,能够对自己的需要延迟满足,能够压抑自己的某种情绪冲动。

对他人情绪的识别能力

这种觉察他人情绪的能力就是所谓同理心,亦即能设身处地站在别人的立场,为别人设想。愈具同理心的人,愈容易进入他人的内心世界,也愈能觉察他人的情感状态。

处理人际关系的能力

处理人际关系的能力是指善于调节与控制他人情绪反应,并能够使他人产生自己所期待的反应的能力。一般来说,能否处理好人际关系是一个人是否被社会接纳与是否受欢迎的基础。在处理人际关系过程中,重要的是能否正确地向他人展示自己的情绪情感,因为,一个人的情绪表现会对接受者即刻产生影响。如果你发出的情绪信息能够感染和影响对方的话,那么,人际交往就会顺利进行并且深入发展。

资料来源:http://blog.sina.com.cn/s/blog_6f05070e01013mc4.html。

三、员工情绪管理的策略

在旅游企业管理中,企业管理者如果不能很好地进行员工情绪管理,那么将会影响企业的服务质量,从而影响企业的发展。那么,如何做好企业员工的情绪管理呢?

(一)建设企业文化,理顺员工情绪

在旅游企业管理中,企业文化已经逐渐成为新的组织规范。事实上,企业文化对员工不仅具有一种强有力的号召力和凝聚力,而且对员工的情绪调节起着重要作用。一般而言,员工从进入企业起的那一刻便开始寻求与企业之间的认同感,如果企业文化中有一个员工愿意为之奋斗的愿景使命,一种被员工认同的价值观和企业精神,那么这个企业就能够激励员工超越个人情感,以高度一致的情绪去达成企业的目标愿景。

最新动态

前厅的"深度管理"与"浅度管理"

前厅是客人到达酒店后的第一个场所,客人对酒店的第一印象也是从前厅开始的,因此前厅的服务与管理就尤为重要。所谓深度管理,就是通过培训以提高员工的个人素质,打造其过硬的服务技能,进而能为客人提供优质的服务。而浅度管理,是指按照刻板的条条框框来要求员工,员工无法主动为客人提供针对性服务。那么,企业如何进行深度管理呢?主要包括以下三个方面的内容:

一、提升员工的素质

同一件事,不同素质的人来做效果是不同的。很多酒店都有规定:客人进门

后,在什么位置就要开始微笑,弯腰多少度鞠躬等,这些都是死板的规定,服务员可以背过,也可以一板一眼地执行,但并不等同于能把服务做到客人心里。很多时候,服务员按制度要求做了,客人却并不满意,但领班又挑不出什么毛病,因为他都是按要求来做的,并无不对。用框框条文教出来的服务员就只能达到这种水平,要想真正做到让客人满意,只有让每个服务员都提高素质,达到领班的水平。

服务员需要跟各种类型的客人打交道,所以他们的语言素质非常重要。例如,同是推销菜品。有素质的服务员就这样询问客人:您是要一只茶叶蛋还是要两只?是要基围虾还是白虾?素质较低的就会问:要不要茶叶蛋(或虾)?如果直接问是要虾还是不要虾,那客人说不要的比例就要占到50%。惯性思维下,一般人会在提问的两个选项中做选择。像这样语言素质高的就可归为"深度管理",只把条条框框记清的就是"浅度管理"。

服务员还应注意肢体语言。一般酒店中规定的"微笑服务"等其实都是没用的,只有服务员从内心觉得酒店是自己的,才能激发出他们的积极性,他们才会考虑在把条条框框做死的基础上,怎么做才能更好。看见客人来了是应该笑,但应该是发自心底的,不是皮笑肉不笑。肢体语言也是如此,要诚挚,用"诚意"和"诚心"来打动顾客。条条框框都是虚的,肢体语言不高兴,客人是能够感受出来的。例如客人对菜品不满意,要求换菜,服务员嘴上虽然答应得好,但菜来了以后把盘子"哐哐"往桌子上一摆,客人很明显就能感受到。所以我们酒店要求服务员:你可以不用逢人必笑,可以不鞠躬,但要让客人满意。

这就是"应试服务"和"深度服务"的区别。例如给客人倒茶,每个地方的规矩可能有所不同,比较常见的是从左边倒,但在临场处理的时候要有灵活性,如果客人是左手拿筷子呢?服务员还从左边倒他自然有意见。公司总裁进来了,秘书赶紧给老总倒杯茶,但老总却并不高兴,因为秘书端给老总的茶杯手柄却是朝向自己的。在服务别人时,要站在对方的位置来考虑。倒茶这个行为虽然完结了,但还应有进一步考虑:茶水的温度是否合适?客人饮用是不是方便?

二、提高员工的技能

技能要求有多方面,硬性的规定首先要遵守,例如桌布该怎么摆才好看,上菜、撤菜的手法要灵活,摆盘要有审美,所负责的桌子永远是干净和漂亮的,等等。另外,开台、撤菜、结账等也都有技巧可循。例如,客人中有位女士,不能喝酒,如果只给她倒一半她可能就很高兴。分菜的时候,有的女孩子不喜欢吃肥肉,可服务员偏偏要分给她,放在碟子里她吃也不是不吃也不是,她就会不高兴。这些不同喜好应该从客人的谈话中得到。

三、开展员工素质培训

三个勤快的带一个懒汉,能让懒汉变得勤快,反之亦然。所以,酒店的整个企业文化直接影响到服务员的素质,而企业文化决定于老板的素质。如果服务员按客人要求换了菜,换完了老板要扣服务员的钱,那下次再有人换菜,服务员肯定就把这种不满带到服务中了,摔摔打打也就难免。这种影响非常直接。

在对员工进行素质培训时,我们的手段主要有两种:激励和讲道理。要让他们明白:在这个阶段,我们不是为挣钱而挣钱,而是为学习而挣钱。例如,浪费的习惯很多厨师都有,可以这样跟他们分析:"我不在意浪费掉的这点东西,但是你要知道,这个不起眼的坏习惯会影响你以后的发展。如果让你去做一个厨房,因为这点小事做不成那不是很可惜?"因为一言一行都代表一个人的素质。曾经有个人去酒店应聘,他的各项条件都不是最好,但他最后出门的时候,低头把走廊上一个大头针捡起来了,正好被老总看到,老总立即决定聘用他。因为酒店招的是财务人员,这一个细节就让老总看中他了。我们酒店很少会罚钱,我会用别的方法让他们自己认识到自己的错误。如果有人迟到了,那我厨房的三十号人全部站在门口等你,等你一起来上班,这是借鉴了有些老总的做法:每天早上在门口亲自迎接迟到的员工。

资料来源:红餐网,http://www.canyin88.com/baodian/canyinguanli/cfgl/2015010927169.html.有删改

(二)开放沟通渠道,引导员工情绪

积极的期望可以促使员工向好的方向发展,员工得到的信任与支持越多,越会将这种正向、良好的情绪带到工作中,并能将这种情绪感染给更多的人。企业管理者必须要营造良好的交流沟通渠道,让员工的情绪得到及时的交流与宣泄。在企业管理中如果交流沟通渠道受阻,员工的情绪得不到及时的引导,这种情绪会逐步蔓延,影响到整个团队的工作,企业要尽量避免这种状况发生。

(三)改善工作条件,杜绝消极情绪

工作环境、工作强度、设施条件、劳动时间等工作条件因素对员工的情绪会产生很大影响,在实际的工作中,企业管理者需要将工作条件与工作性质进行匹配,从而避免员工消极情绪的产生。如导游工作具有不确定性,尤其在节假日旅游高峰时段,大多数情况下又是在室外工作,导游人员往往超负荷运转,企业应从他们的身体健康角度考虑,合理调配所带团的性质,避免他们的劳动时间过长,劳动强度过大。

(四)培训情绪知识,增强员工理解

情绪心理学家 Izard 指出,情绪知识在决定人们的行为结果时可能起到调节作用。情绪知识是员工适应企业的关键因素,企业管理者可以通过针对性的"情绪知识"培训,增强员工对企业管理实践的理解能力,激发员工的工作动机以适应组织的需要。

(五)营造情绪氛围,提升个体感受

每个企业都有一定的氛围,表现为组织的情绪,如愉快的工作氛围、沉闷的工作氛围、复杂的人际关系等。这种组织情绪会影响员工的工作效率和心情,甚至会成为一个员工是否留在企业的原因。《老板》杂志表示在企业管理当中整个组织的情绪氛围会影响和改变员工的情绪,尽管员工和组织的情绪是相互影响的,但是组织对个体的影响力量要比个体对整个组织的影响力量大。因此,从企业发展的角度来看,企业管理者必须要营造良好的企业情绪氛围。

情绪的自我管理法在项目四"调控不利的情绪"中已有介绍,就不再一一赘述。

任务二 讲讲挫折应对

情境设计

张伟在旅行社结识了许多朋友,其中有个漂亮能干的导游王娜,他们关系最要好,总喜欢在一起聊天。旅行社要评选出 5 名最佳员工,并奖励出国旅游,王娜认为自己很有实力,信心满满。可是,王娜落选了,她非常失望,情绪极其低落。作为好朋友,张伟经常陪她散心,劝慰她。对待这样一个要强的朋友,该怎么劝呢?

根据以上情境,完成下列任务:
1.分析王娜为什么会失望。
2.你认为应该怎么帮助王娜走出情绪的低谷?

任务分析

俗话说"人生十之八九是坎坷",在日常工作和生活中人们难免会遇到这样或那样的困难和挫折,总会有一些需要不能得到满足,总可能有一些理想、愿望不能实现,这样就可能会引起心理失衡,产生心理挫折。王娜就是这样一个例子,作为个人,要学会自我调整。作为旅游企业管理者,要懂得处理的策略。

知识讲解

一、什么是挫折

挫折是指个体在从事有目的的活动过程中,遇到障碍或干扰,致使个人需要不能获得满足、个人动机不能实现时产生的紧张性情绪状态。

在心理学上，挫折是指一种情绪状态，类似日常生活中所指的挫败、阻挠、失意。人们的需要产生动机，动机一旦产生便引导人们的行为指向目标。但这种指向目标的行为，由于受到社会文化、政治、经济的制约，并不是任何时候都能达到目标的，当目标受阻不能达到时，就会产生挫折感。

 **特别提示**

人们在遭遇挫折时，能够适应、应对挫折的能力，叫挫折承受力。挫折承受力强的人，面对挫折时，能够接受现实，理智积极地面对。挫折承受力弱的人，会手足无措，消极被动。

二、挫折产生的原因

妨碍达到目标而产生挫折的原因，一般可分为客观环境因素和个体主观因素两类：

（一）客观环境因素

导致挫折产生的客观环境因素可分为自然环境与社会环境两种。

1. 自然环境

自然环境包括不良工作环境，如高噪声、低照明的办公条件，个人能力无法克服的自然因素，甚至无法预料的天灾、衰老、疾病、死亡等。

2. 社会环境

社会环境包括所有个人在社会生活中所遭受到的政治、经济、法律、道德、宗教、风俗习惯等人为因素的限制。例如学非所用，使才能不能充分发挥，因种族或宗教或法律，使一对相爱的男女无法结婚等。在现代的文明社会里，社会环境对个人动机所产生的阻碍，往往比自然环境所引起的多得多，且其影响也更深远。

（二）个体主观因素

导致挫折产生的个体主观因素包括个人的生理条件与动机的冲突两种。

1. 个人的生理条件

个人的生理条件指个人具有的智力、能力、容貌、身材以及生理上的缺陷或疾病，这些所带来的限制导致某人不能担任某种工作，或在某种工作中遭到失败。例如，一个身材矮小的人，很难进入饭店成为一个优秀的前厅服务员。

2. 动机的冲突

动机的冲突指个人在日常生活和工作中，经常同时产生两个或两个以上的动机。假如这些并存的动机无法同时获得满足,而且互相对立或排斥,其中某一个动机获得满足,其他动机就会受到阻碍,则产生难以抉择的心理状态,称为动机的冲突。在现代社会中,动机的冲突是构成挫折的主要原因之一,尽管个人的欲望及生活环境不同,所遇到的冲突内容也各有差异,但由于现代社会环境的共同特征,人们所面临的心理冲突也有共同的特征,具体表现在以下几个方面:

(1) 竞争与合作的冲突。现代社会里,无论是求学、就职、婚姻、事业或其他社会活动,人人都必须进行激烈的竞争才能取得成功。然而,在另一方面,人们从小所受的教育又要求大家协力合作、谦让、牺牲,因此,构成内心竞争与合作相互间的冲突。

(2) 理想与现实的冲突。一般现代社会的人都有一定的理想和抱负,尤其是青年人,如在升学、就职、配偶的选择上等。一方面,由于自我估计不足,理想和抱负超出了个人的实际水平,致使理想和抱负不能实现,而产生挫折感;另一方面,一个人的理想和抱负往往受到现实的限制,个人往往无能为力,同样会产生挫折感。

(3) 满足欲望与抑制欲望的冲突。一方面社会的发展使得社会上刺激欲望的物质愈来愈多,人们对物质生活和精神生活的欲望也不断增强,但另一方面,由于经济上,或由于传统道德上的理由,必须抑制这些无穷的欲望。

三、员工受挫后的反应

员工在面对挫折时,往往呈现个体的差异,这些反应既有积极的一面,也有消极的一面。认识并了解这些反应,对于帮助员工掌握挫折应对的方法与策略,增强自身的挫折承受能力和调控能力,是非常有益的。

(一) 受挫后的生理反应

生理学研究表明,个体生理系统机能之间具有互补性,当身体机能某一方面受到严重影响时,其他身体机能就会给予及时补充以维护正常的生理机能。个体受挫后,机体内部的自我调节机制会最大限度地调动机体的潜力,维持超常状态下的正常生命活动,有效地应对外界环境的变化。然而,能量的大量突击消耗,会引起有关器官功能出现衰竭趋向,从而发生病变。如心律失常、支气管哮喘、失眠等多与受挫后的生理反应有关。

(二) 受挫后的心理反应

1. 积极的心理反应

(1) 升华。即将社会道德所不容许的情绪、态度、欲望、行为,通过比较崇高的、有利于自身和社会发展的方式和途径表达出来。

(2) 释放与自我安慰。通过向朋友述说等方式来释放自己的负面情绪,避免极端行为的出现。还可以通过自我安慰,寻找原来目标的缺点来缓解自己失望的心情,调整心态。

(3)幽默。用幽默来化解尴尬,摆脱困境,消除内心的冲突。

(4)补偿。受挫后改变活动目标方向,通过进行其他活动获得成功,来补偿自己的损失,达到心理上的平衡。

2.消极的心理反应

(1)攻击。员工受挫后,一旦失控,易出现攻击行为。从表现形式看,攻击可分为直接攻击和间接攻击。直接攻击是攻击的行为直接指向造成挫折的人或物,攻击方式是嘲笑、谩骂、殴打,伴有明显的面部表情和过激语言;间接攻击是把攻击行为指向其他替代的人或物身上,找"替罪羊""迁怒"。此外,间接攻击对象还可能是受挫者本人。

(2)焦虑。个体在受到挫折后,情感反应复杂、强烈,包括自尊心的打击、自信心的丧失、失败感的增加、目标的迷茫,进而形成一种紧张、不安、焦躁等感受交织在一起的复杂心情,使人陷入痛苦之中,呈现焦虑状态。

(3)冷漠。冷漠是一种与攻击相反的行为反应,它通常在个体长期遭受挫折而又无法对引起挫折的对象进行攻击,又找不到适当的替罪羊来发泄,又看不到希望时发生。冷漠是将其愤怒的情绪压抑下去,以间接的方式表现出来的。

(4)退化。个体行为是随着发展的过程有一定模式的,但当个人受到挫折时,他的行为表现往往比其年龄应有的表现显得幼稚,此种成熟的倒退现象,称为退化。在情绪表达方面,人们受到社会生活的影响,由孩童时期的任意发泄,慢慢学会如何控制,如何在适当的时候做适当的情绪反应。但有些人遇到挫折时便失去了这种控制,而像小孩一样哭闹、激动,为一点小事暴跳如雷,甚至挥动拳头。

 热点透视

德国之翼航空公司部分机师心理压力大拒绝飞行

据法新社报道称,法国民航局官员表示,德国之翼航空公司一架 A320 客机在法国阿尔卑斯地区坠毁,机上无人生还。该 A320 客机在法国南部失事之后,德翼公司几个飞同样机型的机组成员因心理压力过大,两日来拒绝登机飞行。除母公司汉莎派出机组成员支援外,为保障航空运行,德翼航空还"租借"了柏林航空以及 TUIfly 的机组成员。

该公司表示,拒飞机组成员和遇难的机组成员曾经朝夕相处,许多人都是朋友,包括总裁温克尔曼在内的公司高层对机组成员拒飞的决定表示理解。

 **最新动态**

旅游服务业将成新的经济增长点

  我国旅游业发展目前正进入关键时期。根据《中国旅游业"十二五"发展规划纲要》显示,今年旅游业增加值占全国 GDP 的比重将提高到 4.5%,占服务业增加值的比重达到 12%,力争到 2020 年我国旅游产业规模、质量、效益基本达到世界旅游强国水平。3 月 5 日,国务院总理李克强在今年的政府工作报告中多次提及旅游,这释放了旅游业未来发展的重大信号。旅游业与现代服务业互融共荣,旅游服务业面临巨大发展机遇。政府工作报告提出,要"大力发展旅游、健康、养老、创意设计等生活和生产服务业。"明确界定旅游业属于现代服务业,兼具生活服务业和生产服务业的双重属性,不但凸显旅游业在国民经济发展战略中的地位和作用,而且也是协调推动经济稳定增长和结构优化的需要。

  促进服务业发展可以加大结构调整力度、增强发展后劲。服务业的发展是一国经济社会是否发达的标志。美国斯坦福大学教授莫克尔曾提出,现代化国家的十大标志之一是第三产业在国民生产总值中占 45% 以上。我国服务业增加值比重去年达到 48.2%,已经超过了这个标准。旅游业作为现代服务业的龙头产业与领头羊,其进一步发展可以带动很多联动产业,包括上游的交通基础设施产业,下游的顾客"食、住、行、游、购、娱"各方面需求环节。旅游服务之间的相互聚合产生大幅增值,无不淋漓尽致地展现现代服务业的显著特征。

  旅游业的发展态势显示,它不仅与服务业全面融合,且与一二产业加快融合。高铁的发展以及房车、游艇、邮轮等高端旅游装备的发展正在有效激发旅游大众消费与高端消费,旅游供需的态势进入良性循环的大好时机,为旅游进入多元化、成熟发展阶段奠定了基础。

  资料来源:张苗英.旅游服务业将成新的经济增长点[N].中国旅游报,2015-03-16.有删改

四、员工挫折的预防与干预策略

  在现实社会中,一个人不可能总是一帆风顺的,随时有遭受挫折的可能。在旅游企业管理工作中,应尽量消除引起员工受挫的环境,避免使员工受到不应有的挫折;当员工受到挫折时,应尽量降低挫折所引起的不良影响,提高员工对挫折的容忍力。

（一）加强正确归因训练，理性认识生活挫折

挫折的产生是有原因的，既有内在的原因，也有外在的原因。一般认为外在的原因是不可控制的，内在的原因是可以通过自己的努力加以控制和调节的。有效地对付和处理挫折，必须对造成挫折的原因进行实事求是的分析。根据心理学的归因理论，人对原因的归结可分为两类。一是外归因，外归因的人惯常认为自己的行为结果是受外部力量控制的，是无法预料和支配的。另一是内归因，内归因的人认为行为结果是受本身的能力、自己的努力程度等内部力量控制的。外归因的人面对压力常感到无能为力，不能尽自身的最大努力克服困难；内归因的人，把成败结果归结于自身，过多自责，同样影响问题的解决。正确的归因方式应该是以冷静的态度分析产生挫折的主客观原因，找出失败的真正原因，从实际出发，以切实行动改变挫折情境。

 热点透视

中国游客大闹亚航事件

2014年12月11日晚，南京康辉国旅组织的"泰国曼谷芭提雅6日游"团队，乘坐泰国亚洲航空公司由曼谷返回南京的FD9101航班。游客安徽阜阳籍张某、江苏南京籍王某登机后，要求空服人员将两人座位调换到一起，虽经调换，但耽搁时间造成张、王二人不满。

由于该航班为廉价航班，机上不提供免费餐饮。飞行途中，张某要求空服提供热水泡方便面，空服告知其热水需收费，在空服为其提供热水后，张某仍与空服发生言语冲突，并将泡好的方便面泼向该空服。张、王还谩骂、恐吓和威胁空服人员。机组决定中途返航，飞机落地后，张、王二人及另两名需要协助调查的人员无锡籍游客高某、吴某被泰国警方带走。

12月12日晚，泰国警方公布对张某等4人的调查处理意见，其中张某向涉事空服人员口头赔礼道歉，涉事4人共缴纳罚金50 500泰铢后返回南京。

为吸取教训和抵制不文明出游的行为，南京市旅游委研究决定，对该事件做出三点处理意见：一是将该起事件的发生情况和处理结果，进行全行业通报；二是依据国家旅游局《出境领队人员管理办法》相关规定，对组团社领队给予暂扣领队证一年的处罚；三是对组团社在事件中暴露出来的文明出游管理教育不到位、出现重大突发事件处置不力等问题给予全行业通报批评并责令其整改。

分析： 此次事件系少数素质低下的游客所为，也是一起涉嫌危害航空安全的违法行为事件。这几个游客的不文明行为，影响了所有乘客的利益，也引发了全国性

的舆论。这势必会使该团的领队及旅行社负责人产生挫折感,面对这种情况,当事团队应该正确认识,恰当归因,总结教训,避免类似的事情发生。

(二)调整抱负水平,修正自身目标

抱负水平决定行为水准。如果一个人的抱负水平过高,超出了自己的能力,虽然全力以赴,但仍力不从心,就会让人产生挫败感;如果抱负水平过低,目标太容易达到,又难以给他带来真正的满足感,也会由于空虚、苦闷、不满足而产生新的挫折感。所以,确定适当的抱负水平对于调节挫折引起的情绪非常重要。另外,挫折总是跟目标连在一起,当受到挫折后,重新衡量一下目标是否定得过高,是否符合主客观条件,十分必要。如果由于目标不切实际而造成挫折,就要重新调整目标。

(三)创设一定的挫折情境,增强挫折承受力

经历坎坷、有较多挫折经验的人,比一帆风顺的人的挫折承受力强。人的挫折承受力是可以通过锻炼获得的。旅游企业应有意识地创设一定的挫折情境,如拓展训练、生存能力训练,让员工通过锻炼,在遭遇类似情况时,能够从容自若,坚强应对。

(四)营造宽松和谐的企业环境

企业应加强自身的硬件和软件的建设,为员工营造良好的主客观环境,即良好的工作环境、和谐的人际关系。这样,一方面可以减少员工挫折产生的外在原因,另一方面也可以让受挫折的员工获得鼓励、信任、支持、安慰等。作为管理者,对受挫的员工要采取宽容的态度,特别对有攻击行为的员工,应耐心细致地做思想工作,要以理服人,不应采取针锋相对的反击措施来对付员工的攻击行为。

任务三 讲讲压力调节

情境设计

张伟通过一个学期的实习,收获了很多课堂没有学到的知识和经验,他非常喜欢这份工作。实习即将结束,张伟又要回到学校继续学业。由于对旅行社的情况有很多了解,张伟知道现在旅行社人员充足,想进入这样一个大社比较难。张伟向经理表达了毕业后想来工作的愿望,经理说,目前没有空岗位,一年后看情况吧。张伟不禁有些忧虑,将来毕业后怎么办?

根据以上情境,完成下列任务:
1.你怎么看待张伟的顾虑?
2.如果你是经理,你会如何帮助张伟减轻压力?

任务分析

对于年轻人来说,生活中的任何改变都可能成为压力。特别是现在就业形势严峻,一个好的工作岗位是稀缺品,就业的压力是像张伟这样的年轻人主要的压力源。面对压力,一方面要学会把压力变成动力,更加努力地学习、工作,以实现目标;另一方面也要懂得什么是压力,掌握一定的方法,学会减压。

知识讲解

一、什么是压力

压力是指个体在面对威胁性刺激情境时,伴有躯体机能以及心理活动改变的一种身心紧张状态,也称应激状态。任何压力都由压力源、个体对压力的认知评估、压力的反应三个部分构成。压力源是客观存在的,而压力的反应则是由个体对压力的认知评估来决定的,当人们感受到压力源的威胁时,才构成压力,否则不存在压力。

压力存在于社会生活的各个方面,人人都感受过。如工作变动或失去、家人生病等。承受压力是生活中不可避免的,适当强度的压力可以转化为动力,但过度的压力会使人产生紧张、焦虑的消极情绪,长时间地承受压力会破坏人的身心平衡,造成情绪困扰,损害身心健康。

特别提示

挫折和内心的挫折情感体验,是导致心理压力的一个非常重要的原因。

二、旅游企业员工的压力源

随着我国旅游业的迅速发展,旅游企业间的竞争日趋激烈。要想在竞争中保持优势,对于旅游企业而言,提供一流的产品和服务,增强游客满意度,显得非常重要。没有与游客直接接触的员工的配合,旅游企业就很难提供一流的产品和服务;

而作为旅游企业的员工，由于工作性质的特点，面临着一系列来自工作方面的压力，这些压力严重影响着员工的健康与旅游企业的效益。

(一)人际关系的压力

根据马斯洛需求层次理论，作为人际关系的社交需求，属于较高层次的需求。而在旅游企业内部，员工彼此间常常为一些利益闹得不可开交，不少员工不是把同事当成完成工作的合作伙伴，而是看成竞争对手；而且在员工内部往往存在一些小团体主义，这些小团体之间往往是针锋相对的，使一些不愿意钩心斗角的员工处于尴尬的境况之中。复杂的同事关系使员工在工作中感到孤立无援。此外，一些管理者往往把服务员当"雇员"和"工具"，而不把他们当作"成员"，对自己的下属要求过分苛刻，不容许他们有任何的过失，并且常常以领导者自居，缺乏对旅游企业员工的人文关怀，使旅游企业的员工对旅游企业缺乏认同感和归属感。

特别提示

所谓人性化管理，就是一种在整个企业管理过程中充分注意人性要素，以充分开掘人的潜能为己任的管理模式。至于其具体内容，可以包含很多要素，如对人的尊重，充分的物质激励和精神激励，给人提供各种成长与发展机会，注重企业与个人的双赢战略，制订员工的生涯规划，等等。人性化管理是将人性学理论应用于管理，按照人性基本属性进行管理的管理哲学。因此，必须对人性有所了解。

(二)游客的压力

在旅游服务行业中，许多企业强调"顾客就是上帝""客人总是对的"，游客的地位被过分地强调，而员工本应与游客平等的地位却被人们过分贬低，使得他们在服务过程中小心翼翼。而游客也往往将服务人员的小失误扩大化，使得服务人员工作时精神高度紧张，压力增大。

(三)职业发展的压力

有些旅游企业对于员工的培训往往只是在入职时进行，缺乏对员工职业生涯的整体规划。这些企业只注重使用员工为企业创收，未能重视他们的职业发展，从而使员工在现有岗位上工作一段时间后，由于看不到职业发展的前途，才能得不到有效发挥，也没有升迁的机会，工作成绩还得不到肯定等原因，对现有工作失去信心，转而寻找更适合自己、更有利于实现自我价值的工作。

(四)工作强度大与性质单调的压力

由于旅游企业产品和游客需求的特殊性，旅游企业服务季节性特点非常突出，员工工作负荷量大,尤其是在旅游旺季,员工经常加班,常出现体力不支的现象。高强度的工作超过员工所能承载的范围,对员工身体造成严重威胁,压力不断加重,常使工作效率大打折扣;另外,员工的工作性质比较单一,每天都重复着相同的事情,长此以往,员工会丧失对工作的热情和积极性。

(五)角色模糊与角色冲突的压力

在旅游企业中,一些员工不能清晰地知道哪些工作在自己的工作职责范围内,哪些不在自己的工作职责范围内,有时又要受到不同管理者的指挥,这些都令他们手足无措,处于一种尴尬的境地。此外,在日常生活中,每个人不可能永远都快乐,员工亦如此,但旅游企业要求微笑服务,员工心中的郁闷常常得不到及时的宣泄,这种冲突给员工带来了巨大的压力。

 最新动态

首批社会监督员受聘上岗

在"3·15国际消费者权益日"到来前夕,国家旅游局召开了旅游服务质量社会监督员座谈会,宣布建立旅游服务质量"万名社会监督员"制度并为第一批社会监督员代表颁发了聘书,国家旅游局李金早局长也对此项工作提出了具体要求。此举堪称是对消费者权益日的一份特殊献礼。

旅游服务质量社会监督员从各级人大、政协、旅游相关部门、媒体、专家学者等社会各界的代表中选聘,主要负责监督旅游经营者及其从业人员的旅游经营行为和旅游服务质量,监督厕所、旅游标志等旅游基础设施和公共服务设施是否存在布局不合理、使用不方便、达不到安全卫生要求等问题,对规范旅游市场秩序、提高旅游服务质量、改进旅游公共服务提出意见和建议,协助开展旅游法律法规、文明旅游宣传工作,引导消费者依法合理维权和社会公众理性反映诉求,监督旅游主管部门及其工作人员依法履行职责情况等。此项监督制度的实施,对于我国旅游行业的发展具有非常重要的现实意义。

资料来源:吴俊.首批社会监督员受聘上岗[N].中国旅游报,2015-03-16.有删改

三、旅游企业员工压力的应对策略

(一)旅游企业员工对压力的自我管理

1.正确认识压力的作用

压力伴随着生活的各个方面,没有压力的生活会让人无所事事,放松懈怠,所

以说有压力才有动力,适度的压力对人具有积极的作用。只有当压力变成长期性的,或当我们无法再掌控局面时,压力才会对我们的身心健康产生负面影响。正确地对待心理压力,会把压力转化成动力。

特别提示

美国阿拉巴马伯明翰大学精神病学系副主任理查德·谢尔顿博士认为有压力并不总是一件坏事,毕竟,人体的战斗或逃跑反应是为保护,而不是伤害肌体的。

首先,压力有助于提高智力。动物研究表明,身体对压力的反应可以暂时提高记忆和学习效果。如学生在临近考试的时候,学习的效果会大大提高。其次,压力能增强人的韧性。学习如何面对压力,这能够让人更容易把握和处理未来可能出现的意外。日常压力能够防止伤害发生,并增强人的"生理心理韧性"。如海豹突击队的训练即是基于这个理念,谢尔顿博士说,"反复接触压力事件给了他们(海豹突击队)机会发展对危机的生理和心理控制感。因此,他们在现实斗争中不至于出现心理崩溃。"最后,压力能激励人走向成功。良性压力正是个人完成工作所需要的。根据心理学家米哈里·西克森米哈伊的研究,良性压力还可以帮助人们进入一种"流"的状态,即一种对事情有较强意识,全心投入的状态。这种"流"状态可以在工作场所、运动,或在一个创造性活动(如演奏乐器)中实现。西克森米哈伊认为很大程度上它的动因就是压力。

特别提示

压力转化为动力的关键是将压力环境视为一种个人能掌控的挑战,而不是巨大的、不可逾越的路障。

2.乐观地面对压力

心理学实证研究表明,遇逆境往好处想有助于缓解消极情绪,增进健康。世界上的任何事物都有两重性,逆境可以向顺境转化,顺境也可以转化为逆境,关键在于受到压力时能否从失败中吸取经验,能否发现压力也有好的一面,从而振作起来,重新站起来。

小知识

甜柠檬(sweet lemon)

所谓甜柠檬,是指企图说服自己和别人,自己所做或拥有的已是最佳的抉择。伊索寓言里的狐狸,走到柠檬树旁,因肚子饿了,就摘柠檬充饥,而且边吃边说柠檬是甜的,其实柠檬味道是酸涩的。引申到我们面对生活中所发生的一些不如意的事,有时我们也会像这只狐狸一样,努力去强调事情美好的一面,以减少内心的失望和痛苦。如,娶了姿色平平的妻子,说她有内在美;嫁给木讷寡言的丈夫,说他忠厚老实;孩子资质平庸,说他"傻人有傻福"。这种"塞翁失马,焉知非福""知足常乐"的心态,有时适当地运用,能帮助我们接受现实。

3.合理地运用心理防御机制

心理防御机制是弗洛伊德提出的心理学名词,是指个体面临挫折或冲突的紧张情境时,在其内部心理活动中具有的自觉或不自觉地解脱烦恼,减轻内心不安,以恢复心理平衡与稳定的一种适应性倾向。良好的心理防御机制包括补偿、抵消和幽默等。

合理地运用心理防御机制能够使人们在遭受困难与挫折后减轻或免除精神压力,恢复心理平衡,甚至激发主体的主观能动性,激励主体以顽强的毅力克服困难,战胜挫折。

(二)减缓旅游企业员工压力的策略

1.创建和谐的工作环境,建立公平激励机制

管理人员应在旅游企业管理中引入公平的竞争机制,使员工彼此利益息息相关,且与旅游企业的整体效益相一致,使他们不把同事看成竞争对手,而看成自己的合作伙伴。同时管理者应深入员工生活,了解他们的内心。管理者还应让员工参与管理决策,充分听取和积极采纳他们的建议,提高员工的企业主人翁意识,增强员工工作的自我控制感和使命感。

 热点透视

提升服务质量,打造明星讲解队伍

会宁是中国工农红军三大主力胜利会师的革命圣地,有着丰富的红色旅游资源。2004年12月,中共中央办公厅、国务院办公厅下发了《2004—2010年全国红

色旅游发展规划纲要》,由此拉开了全国红色旅游的大幕。会宁科学谋划,顺势而为,提出了"打红色牌,把会宁建成全国红色旅游名城"的目标。

红军会宁会师旧址现有专职讲解员20人,兼职讲解员10人,全部为女性。在讲解员队伍的培养上,会宁提出了"专家的学识水准,播音的语言功底,模特的气质形象,教师的组织能力,演员的表演特长,作家的写作水平,军人的组织纪律,淑女的品格修养,空姐的服务态度"九条标准,确定了讲解员的"三个小时半"功课,即每天用一个小时背诵讲解词、一个小时阅读长征书刊、一个小时练习声乐舞蹈、半个小时撰写讲解日记或博客。此外,还要求每位讲解员每年至少读三本红色专著,写不少于5000字的学习笔记,每周参加一次舞蹈、声乐等方面的集中培训,每月举行一次岗位大练兵活动,每半年举行一次讲解大赛。

纪念馆把看游客是否被感动、是否受教育、是否被震撼作为考核讲解员讲解效果的硬指标,不断创新讲解形式,把讲述、演唱、朗诵、演讲等形式巧妙地融合在讲解之中。为了规范讲解,纪念馆还组织编写了《红军会宁会师旧址讲解词》,已正式出版发行。规范的讲解词是讲解员的基本"教案",不仅规定了讲解的主要内容,而且避免了由于讲解词不统一而形成的讲解杂乱无章和随心所欲等问题。

讲解员队伍形成了"刻苦学习,爱岗敬业,崇尚荣誉,团结胜利"的团队精神。2012年,会师旧址女子讲解队被评为甘肃省三八红旗集体、白银市巾帼文明岗,2013年,讲解队荣获全国三八红旗集体称号。女子讲解队队员有2人荣获全国十佳导游(讲解员)、全国优秀讲解员、全省优秀讲解员、全省青年岗位能手、全省巾帼建国标兵等10多项荣誉。

分析:会宁景区为了打造全国红色旅游名城,积极提升旅游服务质量,打造明星讲解员队伍。他们制订了具体的要求和标准,为讲解员树立了明确的目标。虽然标准很高,压力不小,但景区将员工个人的荣誉和集体的利益统一起来,营造了良好的学习氛围,激发了他们努力学习、提升自我的积极性。

2. 帮助员工、游客树立正确的消费观念

在现代消费观念中,强调顾客至上的理念。要让旅游企业员工认识到,这是一种服务理念,而不是对事实的判断。对于游客的投诉,不能一味地把责任归结到员工身上,而应客观地看待事实,合理地解决。企业要通过灵活的方式使游客明白,他们的有些要求确实不合理,让他们主动放弃不合理的要求,理解员工。这样不仅不会使游客对旅游企业服务不满,反而会拉近游客与旅游企业两者之间的距离。

3. 引导员工做好职业生涯规划

旅游企业为员工制订个人发展计划,协助他们学习各种知识和技能,特别是专业性的知识和技能。通过个人职业发展计划使每位员工对自己目前所拥有的技能进行评估,并考虑旅游企业发展的需求、自己的特长及发展方向是否符合旅游企业变化的需求。通过这种持续不断的个人发展计划,给予员工丰富的教育和培训机会,能够促进基层个人和旅游企业的共同发展,降低基层员工的流失率。

4.积极改善员工的工作、生活环境

针对旅游企业在旅游旺季时员工的工作量过大的问题,可以采取雇佣临时员工的做法来缓解员工过大的工作量。旅游企业工作是单调的、枯燥的,这是由旅游企业的工作特点决定的,旅游企业可以进行岗位轮换,一方面可以加强员工的技能,为一线员工将来发展打下基础;另一方面可以使员工的压力得到减缓,同时也可以促进不同员工之间的交流与合作,在员工之间建立融洽的工作关系。另外,旅游企业可以安排丰富多彩的娱乐活动,来缓解单调性、枯燥性工作给员工带来的疲倦感。

闯关考验

一、填空题

1.员工情绪管理的意义主要有_____、_____、_____。

2.产生挫折的原因,一般可分为_____和_____两类。

3.员工受挫后消极的心理反应有_____、_____、_____和退化。

4.任何压力都由_____、_____、_____三个部分构成。

二、判断题

1.情绪管理就是对消极的情绪进行控制。　　　　　　　　　　　(　　)

2.当受到挫折后,重新衡量一下目标是否定得过高,是否符合主客观条件,十分必要。　　　　　　　　　　　　　　　　　　　　　　　　　(　　)

3.压力会产生紧张、焦虑的消极情绪,所以,压力是有害无利的。　(　　)

4.合理地运用心理防御机制能够使人们在遭受困难与挫折后减轻或免除精神压力,恢复心理平衡,甚至激发主体的主观能动性。　　　　　　　　(　　)

三、简答题

1.什么是挫折?挫折产生的原因有哪些?

2.如何对员工进行情绪管理?

3.员工受挫后有哪些心理反应?

4.针对员工压力的应对策略有哪些?

四、实训题

根据酒店管理的实际情况,制订一套针对员工情绪管理的办法。

参考书目

1. 傅昭.酒店服务心理[M].杭州:浙江大学出版社,2009.
2. 高金城.旅游服务心理学[M].重庆:重庆大学出版社,2009.
3. 李长秋.旅游服务心理学[M].南昌:江西高校出版社,2010.
4. 郑向敏.旅游服务心理学[M].重庆:重庆大学出版社,2009.
5. 舒伯阳,廖兆光,刘苏衡.旅游服务心理学[M].大连:东北财经出版社,2014.
6. 徐永清,李长秋.旅游服务心理学[M].北京:旅游教育出版社,2014.
7. 汪红烨,王立新,杜红梅.旅游服务心理学[M].上海:上海交通大学出版社,2011.
8. 王赫男,杨海.饭店服务心理学[M].北京:电子工业出版社,2013.
9. 向莉,岳继勇.民航服务心理[M].北京:科学出版社,2013.
10. 张建宏.饭店服务36计[M].北京:旅游教育出版社,2008.
11. [英]布丽姬特·贾艾斯.社会心理学[M].丁建略,陈玉生,译.哈尔滨:黑龙江科学技术出版社,2008.
12. 杜文东.心理学基础[M].北京:人民卫生出版社,2014.
13. 徐桥猛,李丽.酒店管理经典案例分析[M].广州:广东经济出版社,2007.
14. 李灿佳.旅游服务心理学(第四版)[M].北京:高等教育出版社,2011.
15. 王赫男,杨海.饭店服务心理学(第2版)[M].北京:电子工业出版社,2013.
16. 温卫宁.旅游服务业应用心理学[M].北京:中国旅游出版社,2011.
17. 黄华,王文慧等.新概念酒店服务明星进阶手册[M].北京:企业管理出版社,2013.
18. 秦明.实用旅游服务心理学[M].北京:北京大学出版社,2013.
19. 励骅.大学生心理学[M].合肥:合肥工业大学出版社,2011.
20. 崔景俭.高职生心理健康教育[M].北京:科学出版社,2011.
21. 李小融.高职学生心理健康教育[M].北京:高等教育出版社,2010.
22. 葆卿.情绪掌控术——心理读心术[M].北京:中国纺织出版社,2011.

策　　划：张　萍
责任编辑：贾东丽

图书在版编目(CIP)数据

旅游服务心理学 / 李长秋主编. -- 北京：旅游教育出版社，2017.1（2025.1重印）
新编全国旅游中等职业教育系列教材
ISBN 978-7-5637-3517-4

Ⅰ.①旅…　Ⅱ.①李…　Ⅲ.①旅游心理学—中等专业学校—教材　Ⅳ.①F590-05

中国版本图书馆 CIP 数据核字（2017）第 010981 号

新编全国旅游中等职业教育系列教材

旅游服务心理学

李长秋　主　编
张　琪　张　可　副主编

出版单位	旅游教育出版社
地　　址	北京市朝阳区定福庄南里 1 号
邮　　编	100024
发行电话	(010)65778403　65728372　65767462(传真)
本社网址	www.tepcb.com
E-mail	tepfx@163.com
排版单位	北京旅教文化传播有限公司
印刷单位	唐山玺诚印务有限公司
经销单位	新华书店
开　　本	710 毫米×1000 毫米　1/16
印　　张	13.25
字　　数	207 千字
版　　次	2017 年 1 月第 1 版
印　　次	2025 年 1 月第 7 次印刷
定　　价	26.00 元

（图书如有装订差错请与发行部联系）